SUPERFOOD

NATÜRLICH · HEIMISCH · SAISONAL

BARBARA A. SCHMID
AARON WALTL

SUPERFOOD

NATÜRLICH · HEIMISCH · SAISONAL

Fotografiert von
Michael Rathmayer

pichler verlag

INHALT

Tag für Tag bewusst genießen 7

Die Philosophie hinter unseren Ess- und Kaufentscheidungen 7

Was esse ich? Wer und wie bin ich? 10

In den Rezepten verwendete Lebensmittel 14

Heimische Alternativen zu exotischer Importware 15

Die Top 5 der gesundheitsfördernden Nährstoffkriterien 16

Wissenswertes über die Top-5-Nährstoffkriterien 17

„Superfood" im Wandel der Zeit 28

Regionalität, die Chance für uns alle 32

Smoothies, Frühstück und zwischendurch 34

Suppen 50

Salate 60

Vegane Gerichte 100

Vegetarische Gerichte 114

Hauptspeisen mit Fleisch oder Fisch 126

Hauptspeisen mit Fleisch oder Fisch, LOWcarb 146

Super-Plus-Wirkungsweise für besondere Ernährungsanforderungen 168

Rezeptregister 171

Literatur (Auswahl) 174

Hanfsamen
SALONPLAFOND

TAG FÜR TAG BEWUSST GENIESSEN

Die Philosophie hinter unseren Ess- und Kaufentscheidungen

Superbowl, Superman, Supergirl, Superstar, Superheld, Superkleber, Supermarkt, Supertalent – die Liste der Superlative scheint heute unendlich zu sein. Der Begriff *Superfood* darf hier selbstverständlich nicht fehlen. Doch es drängt sich die Frage auf, womit wir diese Superlative in Verbindung bringen. Ist *normal* unterdurchschnittlich, mittelmäßig, nicht gut genug und daher nicht erstrebenswert?
Was bedeutet Superfood aus Sicht der Ernährung? Ab wann wird *Food* zu *Superfood*? Kann sein Verzehr möglicherweise jemanden zu einem sowohl überdurchschnittlich gesunden als auch besseren Menschen werden lassen? Ist Superfood die Lösung, um endlich dem Junkfood bzw. „Badfood" zu trotzen?
Super- oder Junkfood wird der Einzelne mit ganz persönlichen Ansichten und Definitionen verbinden. Vielleicht denken Sie bei *Superfood* an Begriffe wie gesund, fettarm, pflanzlich, exotisch, vegan, Tier- und Umweltschutz, teuer … Und bei *Junkfood* an ungesund, fett- und zuckerreich, Massentierhaltung, Fastfood, billig …
In einer polarisierenden Welt ist die Gegenüberstellung von Super- und Junkfood nur logisch. Die Existenz von Superfood ist die Antwort auf Junkfood, einen Begriff, der

uns seit den 1970er-Jahren begleitet. Trotz starker Gegensätzlichkeit scheint das eine Lager das andere zu tolerieren. Der Markt bzw. die Industrie bedient die Bedürfnisse beider Anhängerschaften. Und dann ist wieder alles „super", nicht wahr?

Es scheint, dass Superfood von einem elitären Hauch umgeben ist und dadurch auch zu einer Form der Selbstinszenierung wird. So erhöht die Konsumation von Superfood die Chance, dass ein Mädchen oder Junge „von nebenan" zum „Supergirl/Superman" und in einer Supertalentshow mit einem Superlächeln zum Superstar werden könnte. Doch auch Supergirl und Superman sind ausgestattet mit Mahl- und Reißzähnen, was sie aus stammesgeschichtlicher Sicht zum Alles-(Mischkost-)Essen, das heißt zum sogenannten *omnivoren Essverhalten*, befähigt. *Diätologisch betrachtet* verzehrt der Omnivore pflanzliche *und* tierische Lebensmittel, deren Inhaltsstoffe durch den Prozess der Verdauung verfügbar gemacht werden, wodurch bei entsprechender Dosis der tägliche Nährstoffbedarf abgedeckt wird.

Im Gegensatz zu *Superfood* werden die Begriff *Diät* oder *Diätologie* zumeist eher negativ verstanden. Wir denken an Vorschriften für den Verzicht auf bestimmte Lebensmittel (wie „Nie wieder Speck!", „Nie wieder Schokolade!", „Kein Alkohol!", „Kein Genuss!"). Tatsächlich ist *Diätetik* (griech. *díaita*) ein Sammelbegriff für lebensstilbedingte Maßnahmen, die der Gesundheitserhaltung sowie Vorbeugung und Heilung von Krankheiten dienen, sowohl körperlicher als auch seelischer Natur. Ganz im Sinne des Prinzips „Nahrung ist die erste Medizin" leistet die Diätologie heute einen unverzichtbaren Beitrag zur Gesundheitsförderung, Erkrankungsprävention und Erfüllung der Ernährungsbedürfnisse bei Vorliegen von Krankheiten bei bestmöglicher Berücksichtigung des individuellen Ernährungsverhaltens (i. e. Ernährungstherapie). Daneben beschäftigt sich die Diätologie im weiteren Sinn auch mit Ernährungsbildung, -bewusstsein und -pädagogik, Konsumverhalten und Verbraucherbildung.

Ernährung bzw. Essen ist ein äußerst komplexes *soziales Totalphänomen*, das sich im weltweiten Netz von wirtschaftlichen und politischen Interessen bewegt und bei dem es keine einfachen und schon gar keine „richtigen"/„falschen" Lösungen geben kann. Alle Mitspieler sind aufgefordert, sich unermüdlich und kritisch der Diskussion zu stellen und Lösungen für die individuelle Situation zu finden.

Als Diätologin ist es meine Aufgabe, Menschen Sicherheit in ihren Ernährungsentscheidungen zu geben – das *Ganze* im Blick zu haben, Zusammenhänge zu erkennen, keineswegs jedoch den Einzelnen mit ernährungswissenschaftlichen Teilaspekten zu überfordern.

Wir möchten wissen, was *gut* für uns ist. *Gut* steht für *gesund*, aber auch für *Genuss*.

Das bedeutet auch, zu wissen, wie sich Gesundes und Genuss vereinen und innerhalb einer Mahlzeit, auf einem Teller und im individuellen Alltag unproblematisch umsetzen lassen. Leichte und schnell verfügbare Zutaten und einfache Kochtechniken sind für viele genauso wichtig wie gesunde und genussvolle Ernährung. Sobald die Zubereitung zu kompliziert erscheint, kann die Motivation für eine dauerhafte gesunde Ernährungsumstellung schnell wieder abklingen.
Vielen Konsumenten sind die positive Wirkung von Vitaminen und Omega-3-Fettsäuren sowie die Bedeutung eines geringen Gehalts an Cholesterin und gesättigten Fettsäuren in der Ernährung weitgehend bekannt. Auch ist für den einen oder anderen die positive Wirkung von Ballaststoffen (Faserstoffen) und reduziertem Einfachzucker zur Vorbeugung gegen Krebs sowie auf den Blutzuckerspiegel und das Gewicht nachvollziehbar. Die wiederkehrende Ernährungsfrage, die sich viele jedoch stellen, ist neben dem „*Was* esse ich?" jene nach der leichten Umsetzbarkeit von nährstoffoptimierten Mahlzeiten im Alltag.
Mit diesem Buch haben wir uns zum Ziel gesetzt, Kenntnisse aus den Bereichen Ernährungswissenschaften und kulinarische Technik *für eine praktikable Umsetzung im Alltag* zu kombinieren. Wir wollen vereinfachen, anstatt die Ernährungs- und Kochwelt weiter zu verkomplizieren.

In unseren Rezepten werden ausschließlich heimische, regionale und unverarbeitete Lebensmittel aller Nahrungsmittelgruppen (Getreide, Hülsenfrüchte, Gemüse und Obst, Samen und Öle, Milchprodukte, Fleisch, Fisch, Ei) verwendet, die einen entsprechenden Nährstoffmehrwert liefern und in ihrer gesamten Zusammensetzung gesundheitsfördernd sind.

Das Kochen nach diesen Rezepten gibt einen sicheren Leitfaden für eine Ernährung, die reich an gesundheitserhaltenden und -fördernden Nährstoffen ist – verpackt in Gerichte, die köstlich schmecken. Nach den *Top-5-Nährstoffkriterien* wird daher jedes Rezept mit bis zu drei Pfeilen bewertet (siehe Seite 6). Das bietet Orientierung und erleichtert die Essensentscheidung. Darüber hinaus wird jedem Rezept ein *Super-Plus* zugeordnet: pointierte Ernährungsinformationen, die Bezug auf die im Rezept verwendeten Zutaten nehmen. In Summe geben diese Informationen einen umfangreichen Überblick über die aktuellen Kenntnisse in Ernährung und Diätetik, ohne durch zu viele Einzelheiten zu überfordern. Es soll eben leichte Kost auf allen Ebenen geboten werden.
Alle Rezepte eignen sich für eine Ernährung zur *Gewichtsoptimierung*, das heißt Gewichtserhalt und -reduktion. Darüber hinaus erfüllen sie die häufigsten Ernährungsanforderungen für die Herz- und

Darmgesundheit, die Krebsprävention u. a. (siehe Seite168).

All jene, die sich *vegan, vegetarisch oder kohlenhydratreduziert* ernähren möchten, werden sich durch die übersichtliche Einteilung unserer Rezepte in entsprechende Untergruppen gut zurechtfinden.

Unsere Einstellung zu *Süßspeisen* als Superfood: Nichts erzwingen, was nicht erzwingbar ist. Der Großteil der Süßspeisen wird traditionellerweise aus Weißmehl, Butter, Zucker, Eiern und Schokolade hergestellt. Deshalb schmecken diese auch so, wie sie schmecken. Wir sehen keinen Sinn darin, die Top-5-Nährstoffkriterien über die Mehl- und Süßspeisenküche zu stülpen und aus einer Mousse au Chocolat eine mit Soja-Omega-3-Fettsäuren angereicherte Steviacreme zu machen. Daher sind Süßspeisen nicht Thema dieses Buches, wir bleiben bei der pikanten und natürlichen Küche. Wer überwiegend nach diesen Rezepten kocht, sollte in einer traditionellen *Nachspeise* kein Problem sehen und sich über das Genusserlebnis freuen (vorausgesetzt natürlich es liegt keine Erkrankung vor, die eine Einschränkung von Süßspeisen bedingt).

Was esse ich? Wer und wie bin ich?

In unserer Gesellschaft ist das Thema „gesundes und richtiges Essen" zurzeit in einem Maße kompliziert, dass die Folgen von Verunsicherung über Fanatismus bis hin zur Resignation reichen. Es scheint, dass manche die Kompetenz, sich über komplexe Ernährungsthemen zu äußern, schon in der Fähigkeit, selbst „ein Esser zu sein" oder „ein Ei kochen zu können", begründet sehen. Medial werden widersprüchliche Botschaften vermittelt, die nur noch mehr verunsichern. Halbwissen und Unwissen bestimmen die Ernährungsinformation und sind überdies oft von finanziellen Interessen gesteuert. „Schaffen wir einen Bedarf – dann findet das Angebot schon seinen Absatz!" Dieses Phänomen ist am Beispiel des Superfood-Booms ganz deutlich erkennbar (siehe auch Seite 7). Wie soll sich hier der Einzelne orientieren können? Schwer, denn die Trends der Gesellschaft diktieren die Kaufentscheidung des Einzelnen.

Gleichzeitig existieren *unterschiedliche Ernährungsformen*, die zumeist auf komplett gegensätzlichen Theorien und Ansichten basieren und nach – von wem auch immer – vorgegeben Regeln das Ernährungsverhalten streng bestimmen: Blutgruppendiät, Metabolic-Balance, Trennkost, Allergie-Diät, Glyks-Diät, Rohkosternährung, Low-fat-Diät (fettreduziert), Atkins-Diät (fettreich), Paleo-Diät, Mischkost, vegan, vegetarisch, TCM ... – ohne Gewähr für Vollständigkeit. Unterhalten werden diese Trends durch ihre Anhänger, welche die ausschließliche Gültigkeit „ihrer" Ernährung für sich in Anspruch nehmen. Die „neue Ernährungsform" wird für viele zur Ersatzreligion, für die man sich einsetzt und unter Gleichgesinnten gegen die „Anderen" (anders Essenden) in den „Kampf" zieht. Blogs bieten diesen Debatten eine besondere Plattform, die dazu führt, dass sich die gegensätzlichen Meinungen verhärten.

Die ursprüngliche *Ernährungsidentität*, die mit den persönlichen Wurzeln und mit der Erziehung gewachsen ist, kommt da gehörig ins Wanken. In Zeiten der Globalisierung kommt der Suche nach der eigenen Identität, die sich vorwiegend im Verhalten des Einzelnen ausdrückt, besondere Bedeutung zu. So dienen Essens- und Kaufentscheidungen heute auch der Selbstdarstellung in einer grenzenlosen Vielfalt, die die unterschiedlichen Ernährungsmöglichkeiten bieten. Das „Was esse ich?" gibt Aufschluss über das „Wer bin ich?". Diese Entwicklung wird maßgeblich von der Speisenkonsumation außer Haus beeinflusst. Durch die persönliche Ernährungsentscheidung im Restaurant „to go", am Kiosk, am Würstelstand oder in Fastfood-Ketten vermittelt der Esser

nach außen ein bestimmtes Bild von sich, ein *Image* – seine Identität.

Das „Was esse ich?" kann darüber hinaus zum *Statussymbol* werden, das durch den Preis, die Exklusivität und das Außergewöhnliche definiert ist. Dies lässt sich zum Beispiel in den Sommersaisonen am aktuellen Grillboom beobachten. Dem Konsumenten geht es hier nicht (nur) um Gesundheit, sondern vor allem um Prestigesteigerung. Im *familiären Umfeld*, bei gemeinsamen Mahlzeiten sind Selbstinszenierung und Selbstdarstellung weniger stark ausgeprägt, da sie von anderen emotionalen Erlebnissen wie familiärer Geborgenheit, Halt durch einen geregelten Tagesrhythmus und Sicherheit durch Abgabe der Ernährungsentscheidung an eine Bezugsperson (Großmutter, Mutter, Vater) in den Hintergrund gedrängt werden.

Aus ernährungspädagogischer Sicht tragen die *gemeinsame Mahlzeit* und das *Essen des Gleichen* (zum Beispiel: „Heute gibt es Erdäpfelgulasch.") vor allem bei Kindern zur Festigung des Ernährungsverhaltens bei. Ergänzend dazu müsste der *Ernährungsbildung* in Kindergärten und Schulen eine viel größere Bedeutung beigemessen werden. Diese sollte systematisch aufgebaut, fächerübergreifend im Lehrplan verankert und eng mit Verbraucher- und Gesundheitsbildung verknüpft sein (siehe auch Seite 33). Ernährungsbildung darf nicht in der Theorie stecken bleiben, sondern sollte in der Schule im

Rahmen des gemeinsamen Mittagstischs und des Jausenangebots gelebt werden. Mit den gewachsen Kompetenzen aus diesen Bereichen lernen Jugendliche, sich den Folgen eines nicht nachhaltigen Handelns zu stellen und daraus persönliche situationsbezogene Lösungen zu entwickeln, die sie in Zukunft zu einem verantwortungsvollen Konsumenten werden lassen.
Sowohl Jugendliche als auch Erwachsene benötigen *fundierte Ernährungskompetenzen*, um die hier bestehende Informationsüberschwemmung besser filtern zu können und Marktstrategien kritisch zu bewerten. Überangebot, ständige Verfügbarkeit und zu viel gegensätzliche Informationen irritieren und können zu Verunsicherung mit negativen Folgen führen – was sich auch in der Häufigkeit von Essstörungen manifestiert.
Für dieses Buch haben wir uns daher folgende Fragen gestellt:

- *Was ist Superfood? Wer macht ein Lebensmittel zum Superfood? Gibt es einheitliche Kriterien für die Definition?*
- *Gibt es nicht auch „Super-Lebensmittel", die hierzulande wachsen? Würde dies nicht auch die regionale Landwirtschaft fördern?*
- *Kann ein Superfood überhaupt eine „Super-Ernährung" ausmachen?*
- *Gab es nicht auch schon vor Tausenden Jahren für Menschen das eindeutig bestimmte Superfood? Inwieweit haben sich diese im Wandel der Zeit entwickelt?*

In den Rezepten verwendete Lebensmittel

Pflanzliche Lebensmittel

Vollkorngetreide:

Glutenhaltig: Nacktgerste, Emmer, Waldstaude, Dinkel, Hafer, Rotweizen, Gerste, Perlgraupen

Glutenfrei: Buchweizen, Maisgrieß, Naturreis (Anbau Burgenland, Bezugsort: Supermarkt), Hirse

Knollengemüse: Sortenvielfalt unter den Speiseerdäpfelsorten (-kartoffelsorten):

Festkochend: Ditta, Evita, Sigma, Siglinde

Mehlig: Agria, Bionta, Hermes, Husar

Raritäten: Mandelerdapfel (-kartoffel), Süßerdapfel (-kartoffel; Anbau Österreich, Bezugsort: Supermarkt), Topinambur

Hülsenfrüchte: Fisole (frische grüne Bohne), Dicke Bohne, Erbsen, Zuckererbsen, Linsen, Bohnen (Käferbohnen, rote Bohnen, weiße Bohnen), Sojabohnen

Wurzelgemüse: Rote Rübe (Rote Beete), Pastinake, Karotte, Knollensellerie, Radieschen, Kren (Meerrettich), Schwarzwurzel, Gelbe Rübe

Kohlgemüse: Weißkohl, Wirsing, Rotkohl, Grünkohl

Blütenstandsgemüse: Karfiol (Blumenkohl), Brokkoli, Artischocke (Anbau Österreich)

Zwiebelgemüse: Zwiebel (rote, weiße, gelbe), Frühlingszwiebel, Schalotte, Lauch, Knoblauch, Schnittlauch

Stangengemüse: Spargel, Gemüsefenchel, Kohlrabi, Stangensellerie, Rhabarber

Pilze: Eierschwammerln (Pfifferlinge), Champignons, Kräutersaitlinge, Steinpilze

Fruchtgemüse: Gemüsepaprika, Gurke, Paradeiser (Tomate; Eiertomate, Cocktailtomate, gelbe Tomate, Flaschentomate, Fleischtomate, Beerentomate), Kürbis (Muskatnuss, Langer Neapolitaner, Hokkaido), Zucchini

Blattgemüse: Spinat, Sauerampfer, Brennnessel, Löwenzahn, Feldsalat, Rucola, Brunnenkresse, Gartenkresse, Kapuzinerkresse, Endiviensalat

Essbare Blüten: Gänseblümchen, Löwenzahnblüten, Primeln, Taubnesseln

Sprossen: Lauch-, Rote-Rüben-, Erbsen-, Mungobohnen-, Radieschensprossen (österreichische Samen, vorzugsweise im Glas selbst ziehen)

Wildkräuter: Girsch, Petersilie, Lindenblüten, Thymian, Holunder, Zitronenmelisse, Schafgarbe, Dill, Minze, Basilikum, rotes Basilikum

Obst:

Beerenobst: Heidel-, Stachel-, Brombeere, Rote Johannisbeere (Ribisel), Weintraube, Erd-, Him-, Apfel- (Aronia), Holunder-, Elsbeere

Steinobst: Zwetschke (Pflaume), Marille (Aprikose), Kirsche, Dirndl (Kornelkirsche), Kriecherl

Kernobst: Äpfel, Birnen

Samen: Hanf-, Leinsamen, Sonnenblumen-, Kürbiskerne

Nüsse: Walnuss, Maroni

Öle: Leinsamen- (Leinöl), Hanf-, Raps-, Sonnenblumen-, Walnuss-, Weintraubenkern-, Kürbiskernöl

Sojaprodukte: Soja-Crème-fraîche, Sojajoghurt (gentechnikfreie Soja aus Österreich)

Tierische Lebensmittel

Milchprodukte: Halbfettmilch, Topfen (Quark) 10–20 % Fett, Cottage Cheese fettreduziert, Frischkäse fettreduziert, Sauerrahm, Joghurt 1 % Fett, Buttermilch

Bioeier

Fleisch: *Schwein:* Filet, Karree • *Rind:* Hüfte, Rücken • *Lamm:* Rücken • *Huhn:* Keule, Brust *Pute:* Brust • *Ente:* Brust • *Hirsch:* Rücken • *Reh:* Keule

Fisch:

Frischfisch aus Österreich: Bachforelle, Seeforelle, Felchen, Wels, Karpfen, Saibling (mit hoher natürlicher Quelle an Omega-3-Fettsäuren)

Geräucherter Fisch: Saibling, Forelle (Aufzucht Österreich, Bezugsort: Supermarkt)

Heimische Alternativen zu exotischer Importware

Chiasamen	→ Leinsamen, Hanfsamen
Acaibeere	→ Brom-, Holunder-, Heidel- und Apfelbeere (Aronia) sowie Kirsche, rote Weintraube und Rotkohl, Oliven, Weichsel, Dirndl, Elsbeere
frische Maulbeere	→ Heidelbeere, rote Weintrauben, Dirndl, Aronia, Elsbeere
Amaranth	→ Hirse, Braunhirse, Buchweizen
Gojibeere	→ Heidelbeere, Schwarze Johannisbeere, Grünkohl, Dirndl
Weizengras	→ Grünkohl, Spinat, Brokkoli

* Hier sind nur jene angeführt, die grundsätzlich verkocht werden können und sich nicht gefriergetrocknet oder pulverisiert in Nahrungsergänzungsmitteln finden.

Die Top 5
der gesundheitsfördernden Nährstoffkriterien

Jedes Rezept in diesem Buch wird nach 5 Nährstoffkriterien bewertet:

Vitamine / sekundäre Pflanzenstoffe	↑↑↑
Ballaststoffe	↑↑↑
Alpha-Linolensäure / Omega-3-Fettsäuren (a-Linolensäure / Ω-3-Fettsäuren)	↑↑↑
Cholesterin / gesättigte Fettsäuren	↓↓↓
glykämische Last	↓↓↓

Die Kriterien ergeben sich zum einen durch die *Anwesenheit von Nährstoffen* (Vitaminen, Ballaststoffen, Omega-3-Fettsäuren) in den für die Rezepte ausgewählten Lebensmitteln, die hiermit die Gesundheit fördern und der Entstehung von Krankheiten vorbeugen. Zum anderen sind die Kriterien durch die *Abwesenheit von Nährstoffen* bestimmt (Cholesterin, Einfachzucker, Transfettsäuren), die mit der Entstehung von Erkrankungen in Zusammenhang gebracht werden.

Bei der *Bewertung der Rezepte* verzichten wir darauf, den Nährstoffgehalt in g/mg pro Portion anzugeben. Die Bewertung erfolgt durch *Pfeile*: Drei Pfeile nach oben (↑↑↑) bedeuten, dass das Kriterium in hohem Maße erfüllt ist, zwei (↑↑), dass es mittelmäßig erfüllt ist, und ein Pfeil (↑), dass es in geringem Maße erfüllt ist. Umgekehrt gilt diese Aufteilung natürlich auch für jene Pfeile, die nach unten deuten (↓↓↓ , ↓↓ oder ↓).

Diese Bewertung dient als Orientierungshilfe bei der täglichen Frage: „Was tu ich mir heute Gutes – auf den Teller?" Wählen Sie einfach die Rezepte nach Ihren persönlichen Ernährungsbedürfnissen bzw. -anforderungen (siehe Rezeptteil).

Wissenswertes über die Top-5-Nährstoffkriterien

Lebensmittel beinhalten in unterschiedlicher Konzentration *Makronährstoffe* wie Eiweiß, Fett, die Kohlenhydrate einschließlich Ballaststoffen und *Mikronährstoffe* wie Mineralien, Spurenelemente, Vitamine, sekundäre Pflanzenstoffe. Besonders die gesundheitsfördernde Wirkung von Mikronährstoffen ist durch die jüngere Ernährungswissenschaft gut belegt.

Vitamine und sekundäre Pflanzenstoffe

Vitamine und sekundäre Pflanzenstoffe sind am Zellstoffwechsel und an den Grundfunktionen des Organismus beteiligt. Das betrifft die Zellteilung und die damit verbundene Erneuerung von Haut, blutbildendem Gewebe, Knochen und Muskulatur ebenso wie die Bildung von Botenstoffen und die Aufrechterhaltung eines intakten Abwehrsystems. Besonders sind sie für ihre Wirkung als „Fänger von freien Radikalen" bekannt.
Da Vitamine und sekundäre Pflanzenstoffe nicht oder nicht ausreichend vom Körper hergestellt werden können, müssen sie mit der Nahrung zugeführt werden. Man bezeichnet sie desshalb als „essentiell".

- *Was sind freie Radikale?*

Freie Radikale sind instabile Sauerstoffmoleküle mit extremer Reaktionsfreudigkeit (Oxidantien). Körpereigene freie Radikale nutzen dem Organismus z. B. in der Abwehr von Krankheitserregern.

- *Wodurch entstehen freie Radikale in einem für den Organismus schädigenden Ausmaß?*

Durch Zigarettenrauch, Luftverschmutzung, ungeeignete Kochtechniken wie Erhitzen von Wurstwaren u. v. m. werden sie in einem Übermaß im Organismus gebildet. Kann dieses Übermaß an freien Radikalen von körpereigenen oder mittels Lebensmitteln zugeführten „Radikalfängern" (Antioxidantien) nicht ausreichend abgefangen werden, führt dieses Ungleichgewicht zu oxidativem Stress und hiermit zur Schädigung der Zelle und folglich zur Erhöhung des Risikos für chronische degenerative und bösartige Erkrankungen.

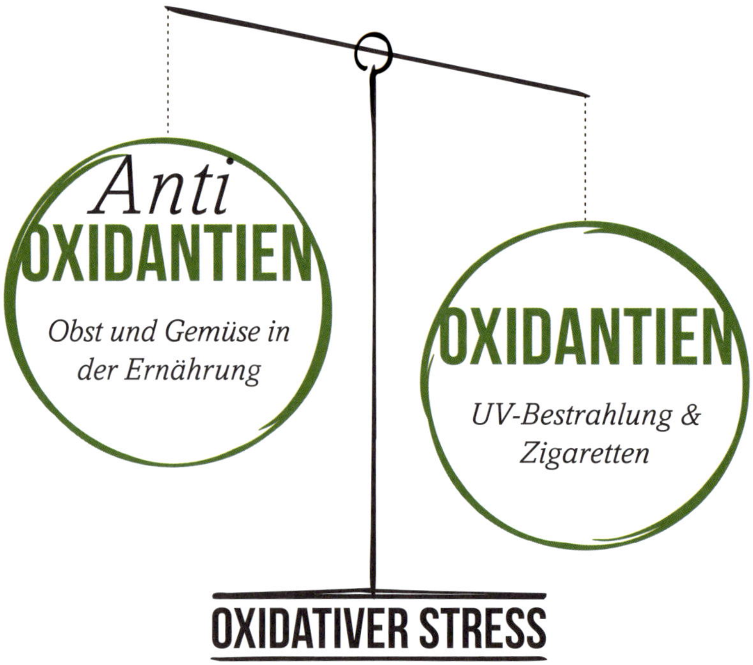

- *Wie kann dem oxidativen Stress mit Hilfe der Ernährung entgegenwirkt werden?*

Diesem Ungleichgewicht kann eine tägliche entsprechend hohe Zufuhr von Gemüse, Obst, Samen, Nüssen und Ölen entgegenwirken. Sie sind *die* Lebensmittelquellen für Antioxidantien (freie Radikalfänger) – sehen Sie dazu unsere Vorschläge im Rezeptteil.

- *Wie ist die krebshemmende (antikarzinogene) Wirkung eines Lebensmittels zu verstehen?*

Die Entstehung von Krebs ist ein komplexer Vorgang, der mehrstufig abläuft und von zahlreichen Faktoren gesteuert wird. *Antikarzinogen* bedeutet, die Wirkung von Faktoren, welche die Entstehung von Krebs verursachen bzw. mit verursachen (*Karzinogene*), zu unterdrücken oder aufzuheben.

Fett- und wasserlösliche Vitamine

Vitamine werden in fettlösliche (A, D, E, K) und in wasserlösliche Vitamine (B1, B2, B6, B12, Folsäure und Vitamin C) eingeteilt. Gute Quellen für Vitamin A und D sind vor allem tierische Lebensmittel. Vitamin E mit seiner stark antioxidativen Wirkung ist reichlich in Pflanzenölen, Nüssen und Samen

vorhanden. Um *fettlösliche Vitamine* aus der Nahrung über die Darmschleimhaut aufnehmen zu können, ist eine gleichzeitige Zufuhr von Fetten in der Mahlzeit nötig. Dies ist bei unseren Rezepten gewährleistet. Eine sehr fettarme bis fettlose Ernährung kann eine Unterversorgung an fettlöslichen Vitaminen und in weiterer Folge einen Mangel an Mikronährstoffen zur Folge haben.
Zu den *wasserlöslichen Vitaminen* zählen sowohl die B-Vitamine (B1, B2, B6, B12, Folsäure) als auch Vitamin C. Gute Quellen für B-Vitamine sind Vollkorngetreide, Milchprodukte, Eier, Fleisch, einzelne Gemüse- und Obstsorten. Ein ernährungsbedingter Mangel an B-Vitaminen ist nur bei sehr starker Einschränkung bzw. Verzicht auf oben genannte Lebensmittel möglich.
Das vielfältige Wirkungsspektrum von Vitamin C aus Gemüse, Obst und Kräutern ist den meisten bekannt. So stärkt es die eigene Abwehrkraft bei Infektionskrankheiten, es ist an der Kollagenbildung beteiligt und fördert die Aufnahme von Eisen im Darm. Vor allem ist Vitamin C ein potenter Radikalfänger, da es die Zellen vor oxidativen Stress schützt u. v. m. Vitamin C ist jedoch sehr luft- und hitzeempfindlich und sollte daher vorzugsweise in Form von Rohgemüse oder frisch gepressten Säften aufgenommen werden. Falsche Lagerung und Erhitzung verursachen entsprechend große Verluste.
Garmethoden und deren Auswirkungen auf den Vitamin-C-Gehalt: Kochen 50 % Verlust, Dämpfen und Dünsten 30 % Verlust, wieder Aufwärmen 50 % Verlust sowie Einfrieren und lange Lagerung bis zu 50 % Verlust. Bestmögliche Aufnahme: Vitamin-C-haltiges Obst und Gemüse schneiden, pressen und unverzüglich trinken (siehe Rezepte zu Smoothies und Salaten).

Sekundäre Pflanzenstoffe

Die sekundären Pflanzenstoffe gehören im Gegensatz zu den Vitaminen zu den jüngeren wissenschaftlich erforschten Nährstoffen. Sie zeigen sich nach außen durch Farbe, Duft oder Geschmack einer Pflanze. Zum Beispiel nennt man den roten Farbstoff der Tomate *Lycopin*. Die Wirkung ist eine andere als jene der *Glucosinolate* im Grünkohl oder der *Sulfide* in der Zwiebel. Allesamt finden sie sich in Gemüse, ihre gesundheitsfördernde Wirkung ist jedoch unterschiedlich. Das Wirkungsspektrum der sekundären Pflanzenstoffe geht von antioxidativ, krebshemmend, entzündungshemmend, antimikrobiell und die Abwehrkräfte stärkend über cholesterinspiegel- und blutdrucksenkend bis zur positiven Beeinflussung des Blutzuckerspiegels und der Blutgerinnung.
Gegenwärtig wird von einer Zahl von etwa 100.000 verschiedenen sekundären Pflanzenstoffen ausgegangen. Angesichts dieser großen Zahl ist es unmöglich, das Gesundheitspotenzial einer einzelnen Substanz

zuzuordnen. Aufgrund ihrer chemischen Struktur und funktionellen Eigenschaften werden die sekundären Pflanzenstoffe in verschiedene Gruppen eingeteilt: Polyphenole, Carotinoide, Phytoöstrogene, Glucosinolate, Sulfide, Monoterpene, Saponine, Protease-Inhibitoren, Phytosterine, Lektine und Chlorophyll.

Da jedes Obst und Gemüse über verschiedene Gruppen der sekundären Pflanzenstoffe verfügt, sollte man täglich unterschiedliche Sorten zu sich nehmen. Das Sprichwort *An apple a day keeps the doctor away* gilt heute somit als veraltet. Vielmehr ist beim Verzehr von Obst und Gemüse auf die Vielfalt zu achten. Kurz gesagt gilt: Je bunter, desto besser!

Viele Untersuchungen deuten darauf hin, dass die schützende Wirkung von sekundären Pflanzenstoffen größer ist, sobald man verschiedene pflanzliche Lebensmittel in unterschiedlichster Zubereitungsart sowohl im Ganzen, zerkleinert, gepresst, im Rohzustand als auch in gekochter Form zu sich nimmt, da man sich dadurch die synergetische Wirkung ihres breiten Spektrums zunutze macht. Neuere Studien sprechen dafür, dass sekundäre Pflanzenstoffe, aufgenommen durch pflanzliche Lebensmittel, das Risiko für die Entstehung von chronisch degenerativen und bösartigen Erkrankungen wie z. B. Arteriosklerose, Herz- und Kreislauferkrankungen, entzündliche Erkrankungen und Krebs sogar senken können. Mehr dazu erfahren Sie im Rezeptteil (*Super-Plus*).

Nur unter Berücksichtigung ALLER Nahrungsinhaltsstoffe einschließlich der bioaktiven Substanzen kann die gesundheitliche Wirkung von Nahrung verstanden bzw. können Empfehlungen für eine Gesundheit optimal fördernde Ernährung gegeben werden.

(Qelle: Watzl/Leitzmann: Bioaktive Substanzen in Lebensmitteln, 1999)

Ballaststoffe (Faserstoffe)

Ballaststoffe sind unverdauliche Bestandteile von pflanzlichen Lebensmitteln wie Getreide, Obst, Gemüse, Hülsenfrüchten, Nüssen und Samen. Nur im deutschsprachigen Raum werden sie als *Ballaststoffe* bezeichnet und daher vielleicht mit „Ballast" assoziiert, sonst werden die pflanzlichen Nahrungsbestandteile richtigerweise *Faserstoffe* genannt.

Das Besondere an Ballaststoffen ist, dass sie nicht wie andere Nahrungsmittelbestandteile von den Verdauungsenzymen zu Nährstoffen gespaltet werden können, sondern unverdaut in den Dickdarm gelangen. Am Weg dorthin erfüllen sie viele wichtige Aufgaben, beruhend auf ihrer Fähigkeit, Wasser zu binden und aufzuquellen sowie den Darmbakterien als „Futter" zur Verfügung zu stehen. Die Deutsche Gesellschaft für Ernährung (DGE) empfiehlt 30 g Ballaststoffe pro Tag. Zahlreiche Untersuchungen zeigen, dass Ballaststoffe viele wichtige Funktionen im Organismus erfüllen – allen voran die regulierende Wirkung auf den Blutzucker- und Insulinstoffwechsel, womit Ballaststoffe eine bedeutende Rolle in der Vorbeugung und Behandlung von Diabetes mellitus Typ II und von Übergewicht spielen. Mehr über die unterschiedlichen Aufgaben von Ballaststoffen lesen Sie auch in der Rubrik *Super-Plus* im Rezeptteil.

Gesamtballaststoffgehalt (%) unterschiedlicher Getreidearten

Waldstaude	16,96 %
Purpurweizen	15,66 %
Nackthafer	14,68 %
Nacktgerste	12,32 %
Dinkel	10,16 %
Einkorn	9,68 %
Emmer	8,89 %
Weißbrot	1,3 %

Nach: Berghofer, E.: Einsatz von Ballaststoffen in der modernen Lebensmittelindustrie, 17./18.2.2005.

Wirkung von Ballaststoffen des Vollkorngetreides auf den Blutzucker-/Insulinspiegel

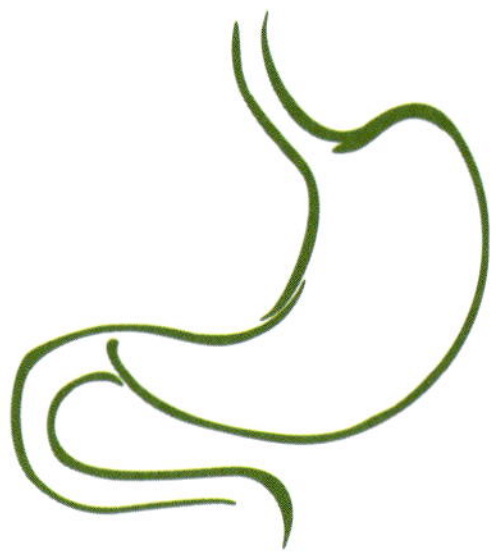

Erhöhung der Menge des Nahrungsbreis führt zu einer schnelleren Sättigung, die Heißhunger unterbindet und folglich die gesamte Nahrungsaufnahme und entsprechend die Kalorienzufuhr reduziert, was sich positiv auf das Gewicht auswirkt.

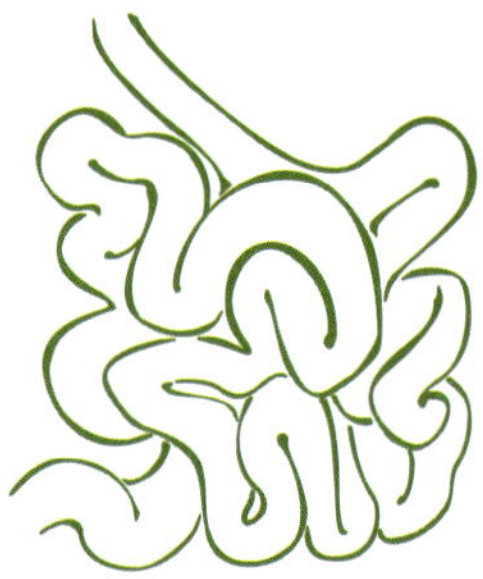

Eine hohe Menge des Nahrungsbreis führt zu einer Verlangsamung der Aufspaltung und Aufnahme von Nährstoffen im Dünndarm. Dies hat eine geringere glykämische Last zur Folge, die sich in einem moderaten Blutzuckerspiegelanstieg und einer geringeren Insulinantwort ausdrückt. Dadurch senkt sich das Risiko für Diabetes Mellitus und Gewichtszunahme.

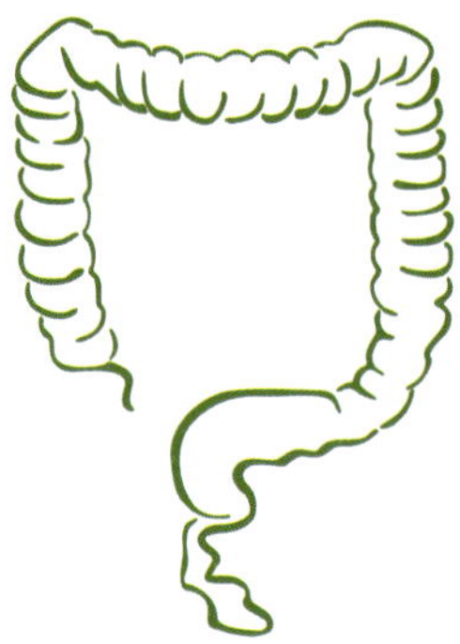

Ballaststoffe haben viele unterschiedliche positive Wirkungen auf die Darmflora im Dickdarm. Bezüglich der Entstehung von Übergewicht verstärken, die durch die Verstoffwechselung von Ballaststoffen entstehenden kurzkettigen Fettsäuren auch die Sättigung.

100 g ballaststoffhaltige Lebensmittel liefern weniger Kalorien als 100 g ballaststofffreie Lebensmittel, folglich führt die gleiche Nahrungsmittelmenge zu einer geringeren Gesamtkalorienzufuhr, dies senkt das Risiko für Gewichtsschwankungen und Übergewicht.

Cholesterin und gesättigte Fettsäuren

Gesättigte Fettsäuren und Cholesterin sind vor allem in tierischen Lebensmitteln wie Butter, Käse, Schlagobers, Crème fraîche, Schmalz, Fleisch und Wurst sowie in Eiern, Süßspeisen und in vielen industriell verarbeiteten Lebensmitteln wie Kuchen und Gebäck, sowohl süß als auch salzig, enthalten. Ein Zuviel an gesättigten Fettsäuren lässt die Menge an unerwünschtem Gesamtcholesterin (CHO) und das „böse" Cholesterin (LDL) in die Höhe klettern. Diese gelten daher bei hohem Verzehr als Risikofaktor für die Entwicklung von Fettstoffwechselerkrankungen, Arteriosklerose und koronaren Herzerkrankungen.
Kenntnisse über den Anteil einer Mahlzeit an Cholesterin und gesättigten Fettsäuren sind hilfreich, um die Gesamtzufuhr an tierischen Fetten während des Tages im Auge zu behalten. Hatte man zum Beispiel zu Mittag in der Kantine ein Wiener Schnitzel mit Bratkartoffeln, dann wäre abends für einen entsprechenden Ernährungsausgleich ein Gericht zu wählen, das mit drei Pfeilen nach unten (↓↓↓) in den Top-5-Nährstoffkriterien *Cholesterin/gesättigte Fettsäuren* und mit drei Pfeilen nach oben (↑↑↑) in der Kategorie *Alpha-Linolen/Omega-3-Fettsäuren* bewertet wurde (siehe auch Seite 16).
In jedem Fall ist es für die Herzgesundheit günstig, auf den Unterschied zwischen gesättigten und ungesättigten Fettsäuren und ihren Anteil in den Mahlzeiten zu achten. Täglich von dem einen *ein bisschen weniger* und von dem anderen *ein wenig mehr* – das wäre bereits ein großer Schritt in Richtung Herzgesundheit!

Fettsäuren: Alpha-Linolensäure und Omega-3-Fettsäuren

Omega-3-Fettsäuren sind derzeit die wissenschaftlich meistuntersuchten Nährstoffe. Über die Vielfalt ihrer gesundheitlichen Wirkungen liegen über 20.000 Publikationen vor.
Omega-3-Fettsäuren sind essentielle Fettsäuren, die mit der Nahrung zugeführt werden müssen, da sie vom menschlichen Organismus nicht selbst „hergestellt" werden können. Unterschieden werden die pflanzlichen Omega-3-Fettsäuren, wie die *Alpha-Linolensäure* (ALA), und die tierischen (Fischöl-)Omega-3-Fettsäuren, wie die *Eicosapentaensäure* (EPA) und *Docosahexaensäure* (DHA). Die Europäische Behörde für Lebensmittelsicherheit (EFSA), der sich die Deutsche Gesellschaft für Ernährung (DGE) anschließt, empfiehlt die tägliche Aufnahme von 250 mg EPA und/oder DHA.

ALA ist die pflanzliche Vorläufersubstanz der gesundheitsfördernden Omega-3-Fettsäuren EPA und DHA. ALA findet sich zum Bespiel in Leinsamen-, Raps-, Hanf- und Walnussöl. Fische nehmen EPA und DHA durch ihre Algennahrung auf und können diese auch selbst produzieren. Lediglich 5–10 % der ALA können im menschlichen Organismus in EPA und DHA umgewandelt werden (d. h. 5–10 % der auf pflanzlichen Lebensmittelprodukten angegebenen Gesamtmenge von ALA). Daher stellt in der täglichen Ernährung die alleinige Zufuhr von ALA keine ausreichende Alternative zur Direktaufnahme von EPA und DHA dar. Das ist besonders bei vegetarischer und veganer Ernährung bedeutsam.

Eine Ernährung, die sich beider Quellen bedient, also der Öle und Samen sowie fetthaltiger Fische (wie Thunfisch, Lachs, Makrele, Hering, heimischer Saibling, Forelle), gewährleistet eine Deckung der empfohlenen Nährstoffzufuhr an Omega-3-Fettsäuren.

Das *gesundheitsfördernde Wirkungsspektrum* der Omega-3-Fettsäuren ist sehr umfangreich: Sie lindern Entzündungen durch Verminderung entzündungsfördernder Mediatoren, senken die Blutfettwerte, wirken der Bildung von Blutgerinnseln entgegen, verbessern die Fließeigenschaften des Blutes und verringern dadurch das Risiko für Herz-Kreislauf-Erkrankungen. Darüber hinaus sind sie wichtige Bestandteile des menschlichen Gehirns, der Netzhaut der Augen u. v. m. (Siehe auch *Super-Plus* im Rezeptteil.)

Nationale und internationale Fachgesellschaften empfehlen, wöchentlich ein bis zwei fetthaltige Fischmahlzeiten zu verzehren. Berichte über die Kontamination von Meeresfischen, wie zum Beispiel durch Quecksilber, hindern jedoch verständlicherweise viele daran, diese Empfehlung umzusetzen. In unseren Rezepten werden daher ausschließlich heimische Fische verwendet.

Neben der Herkunft ist auch die Zubereitungsart von Fisch für die gesundheitsfördernde Wirkung dieses Lebensmittels ausschlaggebend. Viele Weißfischarten, die in Österreich traditionellerweise häufig am Freitag paniert in Frittieröl zubereitet und verzehrt werden, weisen einen geringen Gehalt an Omega-3-Fettsäuren, jedoch einen hohen Anteil an gesundheitsschädlichen Transfettsäuren auf. Durch den Verzehr von kommerziell zubereiteten Frittierfischen kann man keine Senkung des kardiovaskulären Risikos erwarten. Hier gilt es umzudenken.

Heimische Fische (z. B. Karpfen, Bachforelle, Regenbogenforelle und Saibling) haben im Vergleich zu den fettreichen Meeresfischen einen relativ geringen Gehalt an Omega-3-Fettsäuren. Nach einer Untersuchung des Departments für öffentliches Gesundheitswesen der Veterinärmedizinischen Universität Wien weist allerdings ein in Österreich gezüchteter Seesaibling mit 2000 mg an EPA und DHA einen besonders hohen Gehalt dieser Omega-3-Fettsäuren auf, mit dem Vorteil, nahezu frei von Umweltkontaminanten zu sein. Zur ausreichenden Deckung des Omega-3-Fettsäurenbedarfs empfehlen wir daher, ***öfter als zweimal pro Woche*** heimische Fischgerichte zu verzehren.

Omega-3-Fettsäuren (in mg) in 100 g Fisch

Heimische Süßwasserfische		*Seefische*	
Seesaibling (Stamm Island)	2000 mg	Thunfisch	3600 mg
Saibling	800 mg	Lachs	1500 mg
Forelle	600 mg	Kabeljau	250 mg
Karpfen	225 mg		

(Qelle: Schreiner, M./Scherleitner, K.: Das Fettsäuremuster heimischer Wild- und Zuchtfische ...,2007)

Glykämischer Index und glykämische Last

Der *glykämische Index (GI)* gibt die Auswirkungen einer bestimmten Menge kohlenhydrathaltiger Lebensmittel wie Getreide, Brot und Gebäck, Hülsenfrüchte, Gemüse und Obst sowie Zucker (z. B. Haushalts-, Traubenzucker) auf den Blutzuckerspiegel wieder. Das heißt die blutzuckersteigernde Wirkung eines kohlenhydrathaltigen Lebens mittels wird durch den GI dargestellt.
Die *Definition des glykämischen Index* bezieht sich auf 50 g Kohlenhydrate in einem Lebensmittel. Daher sind GI-Tabellenaufzeichnungen von Lebensmitteln oft verwirrend, weil sie an der im Alltag üblicherweise verzehrten Portionsmenge völlig vorbeigehen. Um 50 g Kohlenhydrate aus Karotten aufzunehmen, müsste man in einer Mahlzeit davon etwa 800 g essen, was äußert unwahrscheinlich ist. 50 g Kohlenhydrate werden jedoch rasch durch das Essen von zwei Semmeln oder einem großen Schöpflöffel Reis aufgenommen. Um den GI auf realistische Mengen anwenden zu können, ist die Angabe der *glykämischen Last* (GL) sinnvoller. Sie ist das Produkt aus dem GI eines Lebensmittels und dessen verwertbarer Kohlenhydratmenge. Dieser Wert beschreibt folglich die *glykämische Gesamtbelastung* (Blutzuckeranstieg) einer tatsächlich verzehrten Portion.

Laut dem Konzept des glykämischen Index (GI) kommt es nach Verzehr einer Mahlzeit mit niedrigem GI zu einer geringeren Insulinausschüttung. Das senkt das Risiko sowohl von Übergewicht als auch Diabetes mellitus Typ II. Dieses Konzept teilt kohlenhydrathaltige Lebensmittel in drei Stufen ein: niedrig (< 50), mittel (50–70), hoch (> 70).

Der GI wurde bereits in den 1980er-Jahren im Rahmen der Diabetes-mellitus-Forschung beschrieben. Die Diskussion über diesen Messwert konzentrierte sich vorerst auf die zahlreichen beeinflussenden Faktoren: So spielen die Art des kohlenhydrathaltigen Lebensmittels (z. B. weißer Reis, Vollkornbrot …), die Zusammensetzung mit anderen Nahrungsmitteln (z. B. Eiweiß, Fett in einer Mahlzeit), auch die Verarbeitung (z. B. roh, gekocht …) und die individuelle Reaktion eine wesentliche Rolle. Ein Viertelliter Apfelsaft mit Zuckerzusatz zwischendurch getrunken hat eine höhere glykämische Last als Spaghetti bolognese mit Blattsalat. Süßspeisen, die als Dessert genossen werden, haben eine niedrigere glykämische Last im Vergleich zu Süßspeisen als Hauptspeisen, wie sie in der traditionellen österreichischen Küche angeboten werden.

Ergebnisse aktueller Untersuchungen zeigen die positive Wirkung einer niedrigen glykämischen Last, insbesondere in Kombination mit einer erhöhten Eiweißzufuhr, auf die Insulinsensitivität, auf die Senkung des Blutzuckerspiegels und hiermit auf die Entstehung von Folgeerkrankungen wie Diabetes mellitus Typ II und Übergewicht.

Bei Betrachtung von GI-Tabellen ist es jedoch wichtig zu wissen, dass der Verzehr von kohlenhydrathaltigen Lebensmitteln von Natur aus eine glykämische Last, das heißt einen Anstieg des Blutzuckerspiegels bedingt. Eine glykämische Last gleich null ist weder möglich noch erstrebenswert.

Die Low-Carb-Diät nimmt die blutzuckersteigende Wirkung von kohlenhydrathaltigen Lebensmitteln in ihre diätetischen Überlegungen insofern auf, als sie diese zur Gänze verbietet (etwa Zucker – in diesem Zusammenhang als Lebensmittel bezeichnet –, Getreide, Kartoffeln, Hülsenfrüchte, bestimmte Obst- und Gemüsesorten). Eine Ernährungsform *frei* von natürlichen kohlenhydrathaltigen Lebensmitteln bedeutet jedoch auch eine stark eingeschränkte Zufuhr vieler gesundheitsfördernder Nährstoffe (Ballaststoffe, sekundäre Pflanzenstoffe, Vitamine, Mineralien, Spurenelemente).

Ein gesunder Erwachsener benötigt täglich rund 120 g Kohlenhydrate zur raschen Energiebereitstellung für den Gesamtorganismus und speziell für die Gehirnzellen als ausschließliche Energiequelle. Ein *Zuviel* an Kohlenhydraten hat definitiv negative Auswirkungen, aber ein *Zuwenig* definitiv auch. Eine diätologische Analyse des individuellen Kohlenhydratbedarfs und

der täglichen Kohlenhydratzufuhr gibt dem Einzelnen Aufschluss und Orientierungshilfe für die alltägliche Konsumation.
In jedem Fall sollte man freilich auf Art und Qualität der verzehrten Kohlenhydrate (volles Korn, natürliches Lebensmittel, stark verarbeitete Produkte etc.) achten, darüber hinaus auch auf die Kombination mit anderen Nährstoffen (Eiweiß, Fette, Ballaststoffe) aus unterschiedlichen Lebensmitteln im Rahmen *einer* Mahlzeit, wie sie unsere Rezepte bieten.

„Superfood" im Wandel der Zeit

In den 1960er- und 1970er-Jahren bestand, bedingt auch durch die im Zweiten Weltkrieg erlebte Lebensmittelknappheit, in Europa das Ziel der Industrie in der Herstellung von Lebensmitteln und Produkten mit größtmöglichem Ertrag zu geringsten Kosten. Der umfangreiche Einsatz von Grundprodukten wie *Weizen oder Mais*, ungeachtet der negativen Auswirkungen für Menschen und Umwelt, machte diese und die aus ihnen produzierten Lebensmittel zum „Superfood", das für den Einzelnen leistbar wurde. Leistbarkeit war für die Mehrheit der Bevölkerung das ausschlaggebende Kriterium. Die Auswirkungen von Genmanipulation, intensiviertem Pestizideinsatz und Monokulturen sowie die Verdrängung anderer Kulturgetreidesorten, die Folgen industrieller Herstellungsverfahren unter Einsatz von heute als bedenklich bis risikoreich eingestuften Zusatzstoffen hatten für die Kaufentscheidung der meisten damals eine untergeordnete Bedeutung.

Der Mythos Superfood

Die Bezeichnung *Superfood* für ein Lebensmittel beruht nicht auf einer eindeutigen, unmissverständlichen Definition, die bestimmten Kriterien entspricht, sondern ist vielmehr ein Synonym für gesellschaftliche Bedürfnisse. Diese haben jedoch eine sehr stark veränderbare Komponente, wie die Geschichte zeigt.
Jedes Superfood „beginnt" mit einer Geschichte, die Menschen aus einem fernen Land überliefert haben. Diese Geschichten beschreiben Völker, die ein geheimes Wissen über die Wunderwirkungen exotischer Pflanzen für sich in Anspruch nehmen: Chiasamen aus den Anden (Mexiko), Acaibeeren aus dem Amazonas, Gojibeeren aus China … Es sind Völker, die Traditionen aufrechterhalten und unbeeinflusst vom technischen Fortschritt scheinen. Dieses Superfood hat besondere Kräfte, die ein

langes Leben frei von Krankheit versprechen – ganz der mythologischen Vorstellung des Jungbrunnens (Lebensbrunnens) gemäß, die demjenigen ewige Jugend und Schönheit verspricht, der das Wasser aus dieser Quelle trinkt.

Es drängt sich der Gedanke auf, ob nicht solche „Sagen" für uns heute eine wichtigere Bedeutung haben, als wir meinen. Eine Sage ist dem Märchen und der Legende ähnlich, eine zunächst auf mündlicher Überlieferung basierende, kurze Erzählung von fantastischen, die Wirklichkeit übersteigenden Ereignissen. Da diese mit realen Begebenheiten, Personen- und Ortsangaben verbunden werden, entsteht der Eindruck eines Wahrheitsberichts.

Ein schöner Beleg für die enge Verbindung von Ernährung und Mythologie: Ich esse, darum werde ich ... So kann man etwa auf vielen Internetseiten lesen, dass die „alten Indianer" Chiasamen- als Wundersamen für Ausdauer, Leistung und Kraft verwendet hätten.

Aber steht nicht hinter dieser Überschätzung der Wirksamkeit einzelner exotischer Pflanzen das Bedürfnis von Europäern nach Ernährungssicherheit in einer Zeit, in der der Einzelne in seiner gewohnten Ernährungsentscheidung verunsichert scheint und seine Ernährungsidentität in Frage stellt? Auf der Suche nach dem „Richtigen" schließt man sich einer „Glaubensgruppe" an, die Zugehörigkeit vermittelt und dadurch wiederum Sicherheit gibt. Die eigenen Wurzeln scheinen „dünn" geworden, die aus fernen Ländern deutlich interessanter zu sein und mehr Vertrauen zu erwecken. Das Austauschen über Blogs und das Posten von Rezepten ermöglichen einen gemeinsamen Dialog und verbinden. Ich frage mich oft, ob die Einwohner aus dem Amazonas ebenso hellauf begeistert wären, wenn sie Geschichten über Kürbiskerne aus der Steiermark oder Graumohn aus dem Waldviertel lesen würden.

Kein Lebensmittel kann für sich selbst und getrennt von anderen Lebensmitteln verzehrt alle erforderlichen Nährstoffe abdecken und für sich allein in Anspruch nehmen, in einem bestimmten Ausmaß gesundheitsfördernd zu sein. Essentielle Nährstoffe – und deren gibt es einige – können vom menschlichen Organismus nicht oder nicht in ausreichender Menge hergestellt (synthetisiert) werden. Sie müssen deshalb durch eine vielfältige Ernährung zugeführt werden. Nährstoffe wirken synergetisch, also in Kombination, und sind keine Einzelspieler. Sie sind einem Cellisten vergleichbar, der nur im Verbund mit allen anderen Musikern des Orchesters eine Symphonie zum Klingen bringen kann.

Seit wann gibt es die Definition Superfood?

Im *Oxford English Dictionary* wird seit 1915 der Begriff *Superfood* so erklärt: „A nutrient-rich food considered to be especially beneficial for health and well-being."

Übersetzt: Ein Nahrungsmittel mit hohem Nährwert, das als besonders förderlich für Gesundheit und Wohlbefinden betrachtet wird. Diese Definition lässt eine sehr breite Interpretationsmöglichkeit zu.
Festzuhalten ist, dass sich zu dieser Zeit ernährungswissenschaftliche Untersuchungen vor allem auf Makronährstoffe wie Eiweiß, Fett, Kohlenhydrate bezogen. Mikronährstoffanalysen konnten einzelne Vitamine benennen, sind jedoch mit den heutigen Erkenntnissen über sekundäre Pflanzenstoffe oder mit Analysen einzelner Ballaststoffe (Faserstoffe) nicht zu vergleichen. Ein Lebensmittel mit hoher Nährstoffdichte bedeutete nach damaliger Definition einen hohen Gehalt an Fett und/oder Eiweiß und/oder Kohlenhydraten. Es handelte sich also um Lebensmittel mit hoher Energiedichte (Kalorien), die das Überleben der Menschen sicherten.
In den letzten Jahrzehnten wurde der Begriff *Superfood* immer stärker an kommerzielle Interessen angepasst und entsprechend marketingeffizient eingesetzt. Aus exotischen Pflanzen, wie Samen und Gräsern im Ganzen, als Saft, pulverisiert, anderen Produkten beigefügt oder in Kapseln verpackt, hat sich eine sehr lukrative Produktgruppe entwickelt, die längst nicht mehr ein Nischenprodukt in einem spezialisierten Reformhaus ist, sondern umfangreich und entsprechend beworben in jedem Supermarkt angeboten wird.

Functional Food

Als *Functional Food* („funktionelle Lebensmittel“) bezeichnet man Lebensmittel, die neben ihrem Nährwert einen gesundheitsfördernden Zusatznutzen besitzen. Omega-3-Brot mit zugesetzten Omega-3-Fettsäuren und ACE-Säfte, die mit den Vitaminen A, C und E angereichert sind, gehören ebenso zum Functional Food wie Margarine mit Phytosterinen oder probiotische Milchprodukte. Die Bewertung des angeblichen gesundheitlichen Nutzens eines Lebensmittels erfolgt in Europa durch die Europäische Behörde für Lebensmittelsicherheit, die European Food Safety Authority (EFSA). Functional Food kommt der seriösen Bedeutung von Superfood am nächsten.

Regionalität, die Chance für uns alle

Im Jahr 1905 brachte es der Architekt, Künstler und Naturforscher August Endell auf den Punkt: „Es gibt so unglaublich viele wunderschöne Dinge unmittelbar für uns erreichbar, doch von uns so wenig gesehen und genossen, eine wunderreiche, herrliche Welt, dicht vor uns (...) offen und erreichbar für das Auge, das sieht." Endell war unverkennbar ein Fürsprecher der *Regionalität*.

Diese Aussage gilt auch heute noch. In Bezug auf die Ernährung und das Lebensmittelangebot haben Verunsicherung und Misstrauen sogar zugenommen. Wachsende ökologische Bedrohungen und negative gesundheitliche Auswirkungen des Ess- und Kaufverhaltens zeigen die Schattenseiten einer bislang ungezügelten Industrialisierung auf. Vermassung, Qualitätseinbußen von Produkten, keine verpflichtende artgerechte Tierhaltung und der Transparenzverlust bei Anbau, Herstellung und Transport lassen die Errungenschaften der Demokratisierung des Konsums und der Globalisierung verblassen. Wichtig scheint es auch, die „Schnäppchenjäger-Strategie" mancher Konsumenten zu hinterfragen. Die Erwartungshaltung, dass Lebensmittelpreise möglichst niedrig sein müssen, spiegelt die geringe Wertschätzung vieler gegenüber Lebensmitteln wider, was auch an den Müllbergen aus noch genießbaren Lebensmitteln erkennbar ist.

Zugleich wird für ernährungsbewusste Menschen das Wissen über die Herkunft von Lebensmitteln immer bedeutender: zum einen, weil lange Transportwege von Lebendtieren, Rohwaren und Fertigerzeugnissen enorme Umweltbelastung und Tiermisshandlung bedeuten; zum anderen, weil bei einer über viele Standorte verteilten Lebensmittelproduktion Qualität und Sicherheit immer schwerer nachvollziehbar sind. Mehr und mehr Menschen stellen sich schließlich die Frage nach dem ökologischen Fußabdruck der von ihnen verzehrten Produkte. Eines ist gewiss: Je mehr Zutaten und je mehr Schritte die Produktion eines Lebensmittels umfasst, desto schwieriger bis unmöglich ist es, die Herkunft eindeutig zu bestimmen.

Mögliche Lösungsansätze

- *Ausbau eines überwiegenden Angebots an heimischen und regionalen Lebensmitteln in Supermärkten, sodass dem Käufer die Kaufoption für heimische und regionale Produkte leicht gemacht und durch die Kaufkraft der Konsumenten die heimische Landwirtschaft gestärkt wird.*
- *Steigerung der Anzahl von Bauernmärkten zur Direktvermarktung von regionalen Lebensmitteln besonders in Stadtgebieten.*
- *Forcierung der heimischen Produktion von Lebensmitteln, die zurzeit überwiegend Importware sind, wie Reis, Linsen, bestimmte Getreidesorten (Importsubstitution).*
- *Ausreichende staatliche Unterstützung für die heimischen Bauern, damit sie aufgrund der europäischen Preispolitik nicht gezwungen sind, zu unwirtschaftlichen Bedingungen zu produzieren.*
- *Steigerung des Qualitätsbewusstseins beim Käufer im Bezug auf Genuss und Gesundheit: Ein gutes Qualitäts- und Gesundheitsbewusstsein kann sich nur entwickeln, wenn ausreichend Interesse geweckt wird, wenn es zum persönlichen Bedürfnis gemacht wird, die Herkunft der konsumierten Lebensmittel in Erfahrung zu bringen, die Produktion und den gesundheitlichen Nutzen kennenzulernen. Wissen befreit von Entscheidungsohnmacht. Den Unterschied zu kennen macht den Unterschied in der Ess- und Kaufentscheidung aus. Alle ernährungswissenschaftlichen Initiativen sollten darauf abzielen, beim Konsumenten, bei Jung und Alt, dieses Interesse und Bewusstsein zu schaffen und zu fördern.*
- *Ausbau des Angebotes an Erlebnis-Bauernhöfen. Direktes Zusammentreffen von Konsumenten, vor allem der jungen Generation und Produzenten schafft Vertrauen, gibt Sicherheit und trägt zur Steigerung der Wertschätzung bei. Ziel ist, dass Interesse an der Landwirtschaft zu wecken und den Kindern und Jugendlichen die Themen Umwelt und Bauernhof näher zu bringen.*
- *Auf- und Ausbau einer systematischen fächerübergreifenden Ernährungsbildung, die in Theorie und Praxis eng mit Verbraucher- und Gesundheitsbildung im Lehrplan verknüpft ist. Nutzung von Lehrkräften, Fachkräften aus Ernährungswissenschaften und Diätologie als fixer Bestandteil des Unterrichts vom Kindergarten an bis zur Reifeprüfung.*

Dann könnte eine Gesellschaft wachsen, die aus selbstbestimmten *FOOD-SUPER-kompetenten Verbrauchern* besteht.

SMOOTHIES, FRÜHSTÜCK & ZWISCHENDURCH

Smoothies – Gemüse, Obst und Kräuter in flüssiger Form

In unseren Smoothies werden die Zutaten im Gegensatz zu gepressten Säften aus Gemüse und Obst, bei denen viele gesundheitsfördernde Pflanzenbestandteile als Trester im Entsafter zurückbleiben, zur Gänze verwertet. Vor allem grüne Smoothies sind eine hervorragende Quelle für gesundheitsfördernde Pflanzenstoffe bei geringer Kalorienzufuhr. Wir ergänzen unsere Smoothies mit Pflanzenölen: Das bedeutet eine bessere Verwertbarkeit von Pflanzenstoffen und die Zufuhr von essentiellen Fettsäuren.

Zum Frühstück und zwischendurch

Ein guter Start am Morgen setzt mehr als nur eine Tasse Kaffee voraus. Zur Deckung des täglichen Energiebedarfs braucht es eine Kombination verschiedener Nährstoffe, um für den Tag leistungsfähig zu sein.

Smoothies

Petersilien-Birnen-Smoothie 36
Heidelbeer-Spinat-Smoothie 36
Karotten-Apfel-Smoothie 38
Rote-Rüben-Sauerampfer-Smoothie 38

Zum Frühstück und zwischendurch

Birchermüsli mit geriebener Birne, Walnüssen und Beeren 40
Knuspermüsli mit Kürbiskernen und Heidelbeeren 42
Joghurt mit Hanfsamen, Mohn, Heidelbeeren und Ribiseln 44
Roggenvollkornbrot mit geräuchertem Saibling und Jungzwiebeln 46
Vollkornsandwich mit Rote-Rüben und Ziegenfrischkäse 47
Vollkornbrot mit Sprossen, Kapuzinerkresse und Hüttenkäse 48

PETERSILIEN-BIRNEN-SMOOTHIE

Super-Plus und Wirkung: Grüne Smoothies (Petersilie/Blattspinat) liefern eine Reihe gesundheitsfördernder sekundärer Pflanzenstoffe (siehe S. 17) und Vitamine, wie das luft- und hitzeempfindliche Vitamin C und Folsäure. Tipp zur Vermeidung von Vitamin-C-Verlusten: Obst und Gemüse schneiden, pressen und unverzüglich trinken.

1 Portion:

20 g	Petersilie	100 ml	Wasser
100 g	Blattspinat	1 EL	Hanfsamenöl
1	Birne	1 EL	geschälte Hanfsamen

Petersilie, Blattspinat und Birne waschen und in kleine Stücke schneiden, mit den restlichen Zutaten in einem Smoothiemixer fein pürieren, in ein Glas füllen und mit frischer Petersilie garnieren.

HEIDELBEER-SPINAT-SMOOTHIE

Super-Plus und Wirkung: Kohlgemüse (Wirsing) ist vor allem wegen der krebsvorbeugenden und antioxidativen Wirkung der Glucosinolate und Carotinoide (Zeaxanthin und Lutein), die auch im Spinat zu finden sind, bekannt. Diese werden durch langes Kochen weitgehend zerstört. In Form von Smoothies roh konsumiert, bringen sie ein Maximum an Verwertbarkeit.

1 Portion:

100 g	Heidelbeeren	1 EL	Leinsamenöl
100 g	Babyblattspinat	200 ml	Wasser
50 g	Wirsing		

Heidelbeeren, Blattspinat und Wirsing waschen, den Wirsing in kleine Stücke schneiden, alle Zutaten in einem Smoothiemixer fein pürieren, in ein Glas füllen und mit frischem Wirsing garnieren.

Vitamine/sek. Pflanzenstoffe	↑↑↑		
Ballaststoffe	↑↑	*Cholesterin/ges. Fettsäuren*	↓↓↓
a-Linolen-/Ω-3-Fettsäuren	↑↑	*glykämische Last*	↓↓

KAROTTEN-APFEL-SMOOTHIE

Super-Plus und Wirkung: Vergessene alte Fruchtsorten wie die Aronia und die Dirndl sind reich an gesundheitsfördernden sekundären Pflanzenstoffen. Rot, blau und violett gefärbtes Obst und Gemüse sind besonders reich an Anthozyanen, einem sekundären Pflanzenstoff mit vielfältiger Wirkung: Er schützt die Zelle vor freien Radikalen, stärkt das Immunsystem und wirkt krebsvorbeugend. Je intensiver die Farbe, desto höher ist der Gehalt.

1 Portion:

100 g	Karotten	1 EL	Leinsamenöl
1	Apfel	1 TL	Apfelessig
20 g	Basilikum	100 ml	Wasser
100 ml	Apfel-Aroniasaft		

Karotten und den Apfel waschen und in kleine Stücke schneiden, mit den restlichen Zutaten in einem Smoothiemixer fein pürieren, in ein Glas füllen und mit frischem Basilikum garnieren.

ROTE-RÜBEN-SAUERAMPFER-SMOOTHIE

Super-Plus und Wirkung: Siehe Rezept oben.

1 Portion:

200 g	gekochte Rote Rüben	100 ml	Dirndlsaft
1	Apfel	1 EL	Leinsamenöl
20 g	Sauerampfer		

Apfel und Sauerampfer waschen, gemeinsam mit den Roten Rüben in kleine Stücke schneiden, mit den restlichen Zutaten in einem Smoothiemixer fein pürieren, in ein Glas füllen und mit frischem Sauerampfer garnieren.

Vitamine / sek. Pflanzenstoffe	↑↑↑
Ballaststoffe	↑↑
α-Linolen-/Ω-3-Fettsäuren	↑↑
Cholesterin / ges. Fettsäuren	↓↓↓
glykämische Last	↓↓

BIRCHERMÜSLI

mit geriebener Birne, Walnüssen und Beeren

Super-Plus: keine Berg- und Talfahrt beim Blutzuckerspiegel

Wirkung: Ballaststoffreiche Speisen bewirken, dass Nährstoffe wie Glucose (Traubenzucker) langsamer vom Darm aufgenommen werden. Dadurch wird ein rascher Blutzuckerspiegelanstieg nach der Speisenaufnahme verhindert. Dieser niedrige glykämische Last bewirkt die gewünschte kontinuierliche Insulinfreisetzung mit positivem Effekt auf die körperliche und geistige Leistungsfähigkeit.
Ein ideales Frühstück für Jung und Alt.

1 Portion

100 ml	fettarme Milch/Joghurt
20 ml	Apfelsaft
40 g	Haferflocken
20 g	Buchweizen
20 g	gepuffter Dinkel
¼	Birne
1 EL	gehackte Walnüsse
20 g	Ribiseln
20 g	Heidelbeeren
20 g	Himbeeren
20 g	Erdbeeren

Die Haferflocken mit Milch und Apfelsaft verrühren, über Nacht im Kühlschrank ziehen lassen. Buchweizen in der Pfanne unter ständigem Rühren anrösten.

Die Birne grob reiben und mit den Walnüssen kurz vor dem Essen unter das Birchermüsli rühren, mit den frischen Beeren, Dinkel und Buchweizen garnieren.

Vitamine/sek. Pflanzenstoffe	↑↑↑
Ballaststoffe	↑↑↑
a-Linolen-/Ω-3-Fettsäuren	↑
Cholesterin/ges. Fettsäuren	↓↓↓
glykämische Last	↓↓

KNUSPERMÜSLI

mit Kürbiskernen und Heidelbeeren

Super-Plus: Verbesserung der Blutfettwerte

Wirkung: Besonders die wasserlöslichen Ballaststoffe von Hafer und Buchweizen haben durch die Verhinderung der Aufnahme von Cholesterin und Gallensäuren im Darm eine starke cholesterinsenkende Wirkung. Die essentiellen Fettsäuren der Kürbiskerne wirken sich zusätzlich positiv auf die Blutfettwerte aus.

1 Portion

40 g	Haferflocken
100 ml	Apfel-Aroniasaft
1 EL	getrocknete Elsbeeren
50 g	fettarmes Joghurt
10 g	gepuffter Buchweizen
1 EL	gehackte Kürbiskerne
50 g	Heidelbeeren

Die Haferflocken mit dem Apfel-Aroniasaft, den Elsbeeren und dem Joghurt verrühren und ca. 1 Stunde quellen lassen, vor dem Essen mit Buchweizen, Kürbiskernen und Heidelbeeren bestreuen.

Vitamine / sek. Pflanzenstoffe	↑↑↑
Ballaststoffe	↑↑↑
a-Linolen- / Ω-3-Fettsäuren	↑
Cholesterin / ges. Fettsäuren	↓↓↓
glykämische Last	↓↓

JOGHURT

mit Hanfsamen, Mohn, Heidelbeeren und Ribiseln

Super-Plus: Kalzium und Vitamin D stärken die Knochen.

Wirkung: Eine ausreichende Versorgung mit Eiweiß, Kalzium und Vitamin D ist für den Aufbau und Erhalt der Knochendichte notwendig. Joghurt, eine ausgezeichnete Eiweiß- und Kalziumquelle, kombiniert mit der pflanzlichen Kalziumquelle Mohn ist eine gute Alternative zu herkömmlichem Frühstück.

4 Portionen

500 g	fettarmes Joghurt
50 g	geschälte Hanfsamen
50 g	Sonnenblumenkerne
80 g	gemahlener Mohn
100 g	Heidelbeeren
100 g	Ribiseln

Das Joghurt in eine große Schale leeren, darauf die Beeren, die Samen, Kerne und den Mohn abwechselnd verteilen.

Vitamine / sek. Pflanzenstoffe	↑↑↑
Ballaststoffe	↑↑
α-Linolen- / Ω-3-Fettsäuren	↑↑
Cholesterin / ges. Fettsäuren	↓↓↓
glykämische Last	↓↓↓

ROGGENVOLLKORNBROT

mit geräuchertem Saibling und Jungzwiebeln

Super-Plus: Vollkorngetreide ist besonders reich an Ballaststoffen.

Wirkung: Ballaststoffe sind unverdauliche Bestandteile von pflanzlichen Lebensmitteln und kommen in Getreide, Erdäpfeln, Hülsenfrüchten, Obst, Gemüse und Samen vor. Im Zuge der Verdauung erfüllen Ballaststoffe viele wichtige Funktionen: Sie können Wasser binden und speichern, quellen und dienen der Darmflora als „Futter". Vollkorngetreide ist das Getreidekorn *mit* der Kleie, der Randschicht des Korns, welche die Ballaststoffe enthält.

1 Portion

2 Stk.	Roggenvollkornbrot	½ Tasse	Gartenkresse
50 g	geräucherter Saibling	1 EL	Hanföl
2 Stg.	Jungzwiebeln	1 EL	Aroniasaft
2 EL	fettarmer Frischkäse		Salz

Die Brotscheiben mit dem Frischkäse bestreichen, die Jungzwiebeln in feine Ringe schneiden, den Fisch in kleine Stücke zupfen, Fisch und Jungzwiebeln mit dem Hanföl und dem Aroniasaft vermischen, mit Salz abschmecken und auf dem Brot verteilen, mit frischer Gartenkresse garnieren.

Vitamine / sek. Pflanzenst.	↑↑↑		
Ballaststoffe	↑↑↑	*Cholesterin / ges. Fetts.*	↓↓↓
α-Linolen- / Ω-3-Fettsäuren	↑↑↑	*glykämische Last*	↓↓

VOLLKORNSANDWICH

mit Roten Rüben und Ziegenfrischkäse

Super-Plus und Wirkung:

Siehe Rezept links.

1 Portion

2 Stk.	Vollkornbrot
20 g	Rote Rüben
¼	Apfel (Topaz)
1 EL	Apfelessig
2 EL	Ziegenfrischkäse
20 g	Vogerlsalat
1 TL	Leinsamenöl
	Salz

Die Rüben und den Apfel in feine Scheiben schneiden, mit Essig, Salz und Leinsamenöl abschmecken.

Eine Brotscheibe mit dem Frischkäse bestreichen, mit den Roten Rüben und den Apfelscheiben belegen, darauf den Vogerlsalat anrichten und die zweite Brotscheibe darauflegen.

Vitamine / sekundäre Pflanzenstoffe	↑↑↑
Ballaststoffe	↑↑↑
a-Linolen-/Ω-3-Fettsäuren	↑↑

Cholesterin / ges. Fettsäuren	↓↓↓
glykämische Last	↓↓

VOLLKORNBROT

mit Sprossen, Kapuzinerkresse und Hüttenkäse

Super-Plus: der ideale Brotbelag

Wirkung: Pflanzen der Gattung der Kreuzblütler, wie Sprosse und Kresse, beinhalten Senföle, deren Wirkung gegen Bakterien und Viren gut untersucht ist. Der regelmäßige Konsum unterstützt den Organismus vor allem bei wiederkehrenden Infekten (z. B. Harnwegsinfekten).

1 Portion

2 Stk.	Vollkornbrot
20 g	Sprossen (wie z. B. Erbsen-, Rettich-, Brokkolisprossen)
½ Tasse	Gartenkresse
10 g	Kapuzinerkresse
1 ½ EL	Leinsamenöl
50 g	fettreduzierter Hüttenkäse
	Salz

Das Brot leicht antoasten, den Hüttenkäse darauf verteilen, auf dem ersten Brot die Sprossen und auf dem zweiten die Kapuzinerkresse anrichten, mit Leinsamenöl beträufeln, mit Salz würzen und mit Gartenkresse garnieren.

Vitamine / sek. Pflanzenstoffe	↑↑
Ballaststoffe	↑↑
a-Linolen-/Ω-3-Fettsäuren	↑↑
Cholesterin / ges. Fettsäuren	↓↓↓
glykämische Last	↓↓

SUPPEN

Suppen unterstützen, als Vorspeise gegessen, eine gewünschte Gewichtsreduktion, da sie durch den hohen Flüssigkeitsanteil das Sättigungsgefühl fördern. Suppen aus Gemüse liefern zusätzlich Vitamine, sekundäre Pflanzenstoffe und Wasser.

Karotten-Leinsamen-Suppe	52
Kalte Gurken-Paradeiser-Suppe mit Hanfsamen und Brunnenkresse	54
Brokkoli-Erdäpfel-Gemüsesuppe mit Kürbiskernöl	56
Käferbohnencremesuppe mit Sonnenblumenkernen und Gartenkresse	58

KAROTTEN-LEINSAMEN-SUPPE

Super-Plus: körpereigener Sonnenschutz für die Haut

Wirkung: Essentielle Fettsäuren wie Alpha-Linolensäure sind besonders wichtig für die Schutzfunktion der Haut. Leinsamenöl ist eine hervorragende Quelle für Alpha-Linolensäure. Karotten sind reich an Carotinoiden, die vor allem gekocht und püriert gut verwertbar sind. Sie erhöhen die Hautdicke und schützen vor Sonnenbrand.

4 Portionen

2	Schalotten
300 g	Karotten
2 EL	Apfelessig
800 ml	Gemüsesuppe
½ Handv.	Petersilienblätter
2 EL	Leinsamenöl
1 EL	geschrotete Leinsamen
	Salz

Die Karotten und Schalotten schälen und in kleine Würfel schneiden, die Schalotten mit dem Leinsamennöl in einem breiten Topf glasig anbraten, die Karotten dazugeben und kurz weiterbraten. Mit dem Apfelessig ablöschen und mit der Gemüsesuppe aufgießen, ca. 15 Minuten leicht köcheln lassen. Wenn die Karotten weich sind, die Petersilie dazugeben und pürieren, danach mit Salz abschmecken.

Vor dem Servieren die Suppe mit den Leinsamen und dem Leinsamenöl garnieren.

Vitamine / sek. Pflanzenstoffe	↑↑↑
Ballaststoffe	↑↑
a-Linolen- / Ω-3-Fettsäuren	↑↑
Cholesterin / ges. Fettsäuren	↓↓↓
glykämische Last	↓↓↓

KALTE GURKEN-PARADEISER-SUPPE

mit Hanfsamen und Brunnenkresse

Super-Plus: Senkung von Bluthochdruck

Wirkung: Gurken weisen einen besonders niedrigen Salz-(NaCl-)Gehalt auf, was sich günstig auf Bluthochdruck auswirkt. Sowohl die sekundären Pflanzenstoffe aus grünen Paradeisern und Kresse als auch die Omega-3-Fettsäuren aus dem Hanfsamenöl tragen zur Vorbeugung gegen Herz-Kreislauf-Erkrankungen bei.

4 Portionen

2	Salatgurken
4	grüne Paradeiser
2 EL	Apfelessig
4 EL	Hanfsamenöl
30 g	geschälte Hanfsamen
20 g	Brunnenkresse
10 Bl.	Minze
	wenig Salz

Die Gurken und Paradeiser in kleine Würfel schneiden und zusammen mit dem Apfelessig fein pürieren, durch ein feines Sieb streichen und mit Salz abschmecken, im Kühlschrank eiskalt werden lassen.

Hanfsamen mit dem Hanfsamenöl vermischen und mit Salz abschmecken, die kalte Suppe in vorgekühlten Suppenschüsseln anrichten und mit den Hanfsamen, Minze und Brunnenkresse garnieren.

Vitamine/sek. Pflanzenstoffe	↑↑↑
Ballaststoffe	↑
α-Linolen-/Ω-3-Fettsäuren	↑↑
Cholesterin/ges. Fettsäuren	↓↓↓
glykämische Last	↓↓↓

BROKKOLI-ERDÄPFEL-GEMÜSESUPPE

mit Kürbiskernöl

Super-Plus: Gemüse zur Krebsvorbeugung

Wirkung: Die sekundären Pflanzenstoffe, die Glucosinolate im Brokkoli und die Sulfide in der Zwiebel, haben eine antioxidative und die Immunantwort verstärkende Wirkung, weshalb diese vor allem zu den krebsvorbeugenden Gemüsesorten gezählt werden. Diätologisches Vorbeugen bedeutet, Ernährungsempfehlungen umzusetzen, bevor die Krankheit entsteht.
Kinder rümpfen bei Brokkoli meist die Nase. Tipp: Immer wieder anbieten.

4 Portionen

1	Zwiebel
200 g	Erdäpfel
400 g	Brokkoli
700 ml	Gemüsesuppe
2 EL	Kürbiskernöl
1 EL	Leinsamen
200 ml	Soja-Schlagobers
2 EL	Sonnenblumenöl
	Salz

Die Zwiebel und Erdäpfel schälen und in kleine Stücke schneiden, den Brokkoli grob hacken.

In einem Topf 2 EL Sonnenblumenöl erhitzen, die Zwiebel- und Erdäpfelwürfel darin anbraten, mit der Suppe ablöschen und ca. 15 Minuten bei schwacher Hitze köcheln lassen.

Den Brokkoli und das Soja-Schlagobers dazugeben und weiter 5 Minuten köcheln, die Suppe mit einem Stabmixer fein pürieren und mit Salz abschmecken.

Die heiße Suppe in einer Suppenschale anrichten und mit Kürbiskernöl und Leinsamen garnieren.

Vitamine/sek. Pflanzenstoffe	↑↑↑
Ballaststoffe	↑↑
a-Linolen-/Ω-3-Fettsäuren	↑
Cholesterin/ges. Fettsäuren	↓↓↓
glykämische Last	↓↓↓

KÄFERBOHNENCREMESUPPE

mit Sonnenblumenkernen und Gartenkresse

Super-Plus: Ballaststoffe sind wichtig für die Darmgesundheit.

Wirkung: Hülsenfrüchte wie Bohnen weisen ein umfangreiches Spektrum an Ballaststoffen (z. B. Inulin) auf: Sie binden schädliche toxische – z. B. krebserregende – Stoffe und erhöhen durch ihr Quellvermögen das Gewicht des Darminhalts, wodurch sich die Verdauung beschleunigt. Die kürzere Verweildauer im Dickdarm lässt schädliche Stoffe weniger lang wirken. Die Sulfide im Knoblauch und in der Zwiebel sind ebenfalls krebsvorbeugend wirksam.

4 Portionen

500 g	Käferbohnen
1	Zwiebel
2	Knoblauchzehen
800 ml	Gemüsesuppe
½ TL	gemahlener Kümmel
2 EL	Apfelessig
1 Tasse	Gartenkresse
2 EL	Sonnenblumenkerne
4 EL	Hanfsamenöl
	Salz

Die Käferbohnen über Nacht in reichlich Wasser einweichen, am nächsten Tag 100 g Bohnen in reichlich Salzwasser weichkochen.

Zwiebel und Knoblauch schälen und in kleine Stück schneiden, in einem Topf das Hanfsamenöl erhitzen und darin die Zwiebel und den Knoblauch anbraten, die restlichen Bohnen und Kümmel dazugeben, mit dem Essig ablöschen und mit der Suppe aufgießen. Bei schwacher Hitze die Bohnen weichkochen, fein pürieren und mit Salz abschmecken.

Die Suppe anrichten und mit den restlichen Bohnen, Sonnenblumenkernen, Hanfsamenöl und Gartenkresse garnieren.

Vitamine/sek. Pflanzenstoffe	↑↑↑
Ballaststoffe	↑↑↑
a-Linolen-/Ω-3-Fettsäuren	↑↑
Cholesterin/ges. Fettsäuren	↓↓↓
glykämische Last	↓↓↓

SALATE

… pur – als Vorspeise oder Beilagensalat

„Französisches Paradox" ist die Bezeichnung für die Beobachtung, dass Franzosen trotz Alkohol- und Fettkonsums länger leben als z. B. Deutsche oder Amerikaner. Unterschiedliche Faktoren werden dafür verantwortlich gemacht. Der Lebensmittelvielfalt innerhalb einer Mahlzeit kommt hier besondere Bedeutung bei. Eine traditionelle Mahlzeit in Frankreich beginnt meist mit einer Vorspeise aus Rohgemüse (la crudité).

… mit Milchprodukten

Salate mit Gemüse und Obst, mit Milchprodukten und essentiellen Fettsäuren aus Nüssen, Samen und Ölen eignen sich als nährstoffreiche Hauptspeise, um die tägliche Ernährung ausgewogen zu gestalten. Der zu erwartende Nutzen ist ein ideales Körpergewicht bei Erhalt der vollen Leistungsfähigkeit, ohne Nährstoffmangel oder Hunger zu empfinden.

… mit Fisch

Fisch ist als gesundes Lebensmittel bekannt und landet dennoch in Österreich viel zu selten am Teller. Die Quecksilberbelastung von Meeresfischen ist bedenklich, was heimischen Fisch zur ersten Wahl macht. In unseren Rezepten werden ausschließlich heimische Fische verwendet.

… mit Fleisch

Salate mit Fleisch und Gemüse sind leicht bekömmliche Gerichte. Der hohe Eiweißgehalt von Fleisch hilft, die Muskelmasse im Körper zu erhalten. Unsere Gerichte eignen sich hervorragend zur Gewichtsoptimierung: für Gewichtserhalt wie auch Gewichtsreduktion.

… mit Getreide

Kein Lebensmittel kann für sich selbst und getrennt von anderen verzehrt alle erforderlichen Nährstoffe abdecken. Somit kann keinem für sich allein eine allumfassende gesundheitsfördernde Wirkung zugesprochen werden. Nährstoffe sind keine Einzelspieler, sondern wirken im Zusammenspiel mit anderen. Eine vielfältige Ernährung unter Einbindung aller natürlichen Lebensmittel bildet dafür die Voraussetzung.

Salat pur – als Vorspeise oder Beilagensalat

Blattsalat mit Löwenzahn, Beeren und Hanfsamen 62

Salate mit Milchprodukten

Blattsalat mit Brombeeren, Leinsamen und Hüttenkäse 64

Wurzelgemüse-Fenchel-Salat mit warmem Topfen und Dille 66

Fenchel-Birnen-Salat mit Walnüssen und Joghurt 68

Vogerlsalat mit Maroni, getrockneten Zwetschken und Ziegenkäse 70

Salate mit Fisch

Gurken-Brunnenkresse-Salat mit gedämpfter Seeforelle 72

Paradeiser-Himbeeren-Salat mit im Backrohr gegartem Bachsaibling 74

Wildkräuter-Erdäpfel-Salat mit Sonnenblumenkernen und geräucherter Bachforelle 76

Rote-Rüben-Heidelbeer-Salat mit Walnussdressing und Seesaibling 78

Kohlrabi-Radieschen-Salat mit Senfdressing und Felchenfilets 80

Salate mit Fleisch

Kürbis-Weintrauben-Salat mit Kürbiskernen und faschierten Lammbällchen 82

Spargel-Erdbeer-Salat mit Hanfsamen und Hühnerbrustspießen 84

Zucchini-Minze-Fisolen-Salat mit Sonnenblumenkernen und Putenbrust 86

Kapuzinerkresse-Holunderbeeren-Salat mit Hüferlscherzelsteaks 88

Schwarzwurzel-Vogerlsalat mit Walnüssen und Hirschrücken 90

Salate mit Getreide

Hirse-Brokkoli-Erbsen-Salat 92

Buchweizen-Spargel-Salat mit Zitronenmelisse 94

Perlgraupen-Süßkartoffel-Salat mit Rosinen 96

Dinkel-Rhabarber-Salat mit Paradeisern 98

BLATTSALAT

mit Löwenzahn, Beeren und Hanfsamen

Super-Plus: gut für die Verdauung

Wirkung: Löwenzahn beinhaltet viele Bitterstoffe. Diese steigern die Magen- und Gallensaftsekretion, regen so die Verdauung an und können bei Völlegefühl Abhilfe verschaffen. In Kombination mit Beeren ist dieser Salat besonders reich an Antioxidantien.

1 Portion

40 g	gemischte Blattsalate
10 g	Löwenzahn
15 g	Heidelbeeren
15 g	Himbeeren
15 g	Hanfsamen
15 g	Ribiseln
1 EL	Leinsamenöl
2 EL	Apfelessig
	Salz

Den gewaschen Salat mit den restlichen Zutaten vermischen, mit Salz abschmecken und gleich servieren.

Vitamine / sek. Pflanzenstoffe	↑↑↑
Ballaststoffe	↑↑
a-Linolen-/Ω-3-Fettsäuren	↑↑
Cholesterin / ges. Fettsäuren	↓↓↓
glykämische Last	↓↓↓

BLATTSALAT

mit Brombeeren, Leinsamen und Hüttenkäse

Super-Plus: Schutz für Herz und Gefäße

Wirkung: Die sekundären Pflanzenstoffe der Gruppe Polyphenole kommen in allen Pflanzen in unterschiedlicher Menge und überwiegend in deren Randschichten vor. Das Schälen von Obst und Gemüse führt zu erheblichen Verlusten von Polyphenolen. Diese schützen vor Fettablagerungen in den Gefäßwänden, verbessern die Blutgerinnung, wirken regulierend auf den Blutdruck und beugen damit der Arterienverkalkung vor.

1 Portion

50 g	gemischte Blattsalate
50 g	Brombeeren
½	ungeschälter Apfel (Jonagold)
1 TL	geschälte Leinsamen
25 g	Hüttenkäse
1 EL	Leinsamenöl
1 TL	Apfelessig
	Salz

5 Brombeeren mit einer Gabel zerdrücken, Leinsamenöl und Apfelessig darunterrühren und mit Salz abschmecken.

Die Blattsalate und in Scheiben geschnittenen Apfel mit dem Brombeerdressing marinieren, in einer Schüssel anrichten, mit den restlichen Brombeeren und Hüttenkäse garnieren und mit Leinsamen bestreuen.

Vitamine/sek. Pflanzenstoffe	↑↑↑
Ballaststoffe	↑↑
a-Linolen-/Ω-3-Fettsäuren	↑↑
Cholesterin/ges. Fettsäuren	↓↓↓
glykämische Last	↓↓↓

WURZELGEMÜSE-FENCHEL-SALAT

mit warmem Topfen und Dille

Super-Plus: Schutz für Ihre Gelenke

Wirkung: Milchprodukte und Vitamin-C-reiche Lebensmittel können der Entstehung von Gicht vorbeugen. Das Eiweiß in Milchprodukten wie Joghurt, Hüttenkäse und Topfen hat eine harnsäureabbauende Wirkung. Eine hohe Vitamin-C-Zufuhr durch den Verzehr von rohem Fenchel, Kräutern, Früchten und Sprossen verstärkt diesen Effekt.

1 Portion

½	Karotte
½	Gelbe Rübe
20 g	Sellerie
¼	Fenchel
4 Zw.	Dille
1 TL	Sonnenblumenkerne
50 g	Topfen (mager, bis 20% Fett i. Tr)
1 TL	getrockneter Thymian
1 EL	Traubenkernöl
1 EL	Apfelessig
2 EL	Dirndlsaft
	Salz

Das Wurzelgemüse und den Fenchel in dünne Streifen hobeln, mit Dirndlsaft, Apfelessig und Leinsamenöl vermischen, mit Salz abschmecken und ca. 20 Minuten ziehen lassen.

Die Dille grob hacken. Den Topfen mit dem Thymian vermischen und mit Salz abschmecken, in eine feuerfeste Form füllen und im Backrohr bei 160 °C ca. 15 Minuten backen.

Unter den Gemüsesalat die Dille mischen, den Salat zusammen mit dem Topfen in einer Schüssel anrichten und mit Sonnenblumenkernen bestreuen.

Vitamine/sek. Pflanzenstoffe	↑↑↑
Ballaststoffe	↑↑↑
α-Linolen-/Ω-3-Fettsäuren	↑↑
Cholesterin/ges. Fettsäuren	↓↓↓
glykämische Last	↓↓↓

FENCHEL-BIRNEN-SALAT

mit Walnüssen und Joghurt

Super-Plus: Schutz für Ihre Gelenke

Wirkung: Zusätzlich zur Verringerung der Harnsäure und folglich zur Vorbeugung gegen Gicht durch Verzehr von Salaten mit Milchprodukten wirken essentielle Fettsäuren aus Leinsamenöl und Walnüssen entzündungshemmend.

1 Portion

¼	Fenchel
½	Birne
1 EL	gehackte Walnüsse
60 g	fettreduziertes Joghurt
1 EL	Leinsamenöl
1 EL	Apfelessig
½ Tasse	Gartenkresse
	Salz

Den Fenchel und die Birne in dünne Scheiben hobeln, flach auf einem Teller verteilen, mit Salz, Leinsamenöl und Apfelessig marinieren. Das Joghurt und die Walnüsse darauf verteilen und mit Gartenkresse garnieren.

Vitamine / sek. Pflanzenstoffe	↑↑↑
Ballaststoffe	↑↑↑
α-Linolen-/Ω-3-Fettsäuren	↑↑
Cholesterin / ges. Fettsäuren	↓↓↓
glykämische Last	↓↓↓

VOGERLSALAT

mit Maroni, getrockneten Zwetschken und Ziegenkäse

Super-Plus: ein ideales Mittagessen

Wirkung: Das Mittagessen in Kantinen bedeutet für viele Menschen Schwere, Müdigkeit und Leistungsabfall. Eine Kombination aus Lebensmitteln, die den Blutzuckerspiegel nicht entgleisen lassen, mit Ballaststoffen aus Gemüse und Eiweiß aus Käse sorgt für Sättigung, Energie und Leistungsfähigkeit.

1 Portion

30 g	Vogerlsalat
15 g	Maroni
10 g	getrocknete Zwetschken
20 g	Ziegenkäse
2 EL	Aroniasaft
1 EL	Apfelessig
1-2 EL	Leinsamenöl
	Salz

Den Apfelessig, den Aroniasaft und das Leinsamenöl gut verrühren, mit Salz abschmecken. Den Ziegenkäse und die Maroni in grobe Stücke brechen, die Zwetschken in kleine Stücke schneiden.

Den Vogerlsalat mit den übrigen Zutaten und dem Dressing vermischen und in einer Schüssel anrichten.

Vitamine / sek. Pflanzenstoffe	↑↑↑
Ballaststoffe	↑↑
α-Linolen-/Ω-3-Fettsäuren	↑↑
Cholesterin / ges. Fettsäuren	↓↓↓
glykämische Last	↓↓

GURKEN-BRUNNENKRESSE-SALAT

mit gedämpfter Seeforelle

Super-Plus: Omega-3-Fettsäuren – der gesundheitsfördernde Nährstoff

Wirkung: Omega-3-Fettsäuren sind essentielle Fettsäuren, die mit der Nahrung zugeführt werden müssen, da sie vom menschlichen Organismus nicht „hergestellt" werden können. Die gesundheitsfördernde EPA und DHA sind in direkter Form reichlich in Fischöl vorhanden. ALA, die in Ölen wie Walnussöl, Rapsöl, Hanföl und Leinsamenöl sowie Samen und Nüssen vorkommt, wird im Körper teilweise zu EPA und DHA umgewandelt (siehe Seite 25).

1 Portion

4	Baby-Gurken-Raritäten
1	rote Zwiebel
80 g	Seeforellenfilet ohne Haut und Gräten
20 g	Brunnenkresse
5 Bl.	Minze
1 EL	Walnussöl
1 EL	Apfelessig
	Salz

Die Gurken in dünne Scheiben und die Zwiebel in feine Würfel schneiden, danach mit Salz, Apfelessig und Walnussöl abschmecken, ca. 10 Minuten ziehen lassen.

Die Seeforelle salzen, in einen Topf mit Dämpfeinsatz legen und ca. 5 Minuten dämpfen lassen.

Den Gurkensalat flach auf einen Teller anrichten, den Fisch in grobe Stücke zupfen und darauflegen sowie mit Brunnenkresse und Minze garnieren.

Vitamine / sek. Pflanzenstoffe	↑↑↑
Ballaststoffe	↑↑
a-Linolen-/Ω-3-Fettsäuren	↑↑↑
Cholesterin / ges. Fettsäuren	↓↓↓
glykämische Last	↓↓↓

PARADEISER-HIMBEEREN-SALAT

mit im Backrohr gegartem Bachsaibling

Super-Plus: Omega-3-Fettsäuren – der gesundheitsfördernde Nährstoff

Wirkung: Bei der täglichen Ernährung stellt die alleinige Zufuhr der pflanzlichen Fettsäure ALA keinen ausreichenden Ersatz für die mittels Fischkonsum zugeführten EPA und DHA dar. Eine Ernährung, die sich beider Quellen von Omega-3-Fettsäuren bedient, nämlich entsprechender Öle und Samen sowie fetthaltigen Fischs, gewährleistet eine sichere Deckung der täglich empfohlenen Zufuhr von Omega-3-Fettsäuren.

1 Portion

100 g	Paradeiser-Raritäten
50 g	Himbeeren
6 Bl.	Basilikum
1 TL	Senf
1 EL	Leinsamenöl
1 EL	Apfelessig
100 g	Bachsaiblingfilet
2 Zw.	Thymian
1 EL	Leinsamenöl
	Salz

Die Paradeiser in Scheiben oder Spalten schneiden, für das Dressing den Senf, das Leinsamenöl und den Apfelessig verrühren und mit Salz abschmecken, die Hälfte der Himbeeren mit einer Gabel zerdrücken und unter das Dressing rühren.

Das Bachsaiblingfilet mit Thymian, Salz und Leinsamenöl würzen, auf ein Backblech legen und bei 100 °C ca. 7 Minuten im Backrohr braten.

Die Paradeiser mit dem Dressing vermischen und auf dem Fischfilet anrichten, mit Himbeeren und Basilikumblättern garnieren.

Vitamine/sek. Pflanzenstoffe	↑↑↑
Ballaststoffe	↑
α-Linolen-/Ω-3-Fettsäuren	↑↑↑
Cholesterin/ges. Fettsäuren	↓↓↓
glykämische Last	↓↓↓

WILDKRÄUTER-ERDÄPFEL-SALAT

mit Sonnenblumenkernen und geräucherter Bachforelle

Super-Plus: Salat mit Heilkräutern

Wirkung: Brennnessel! Nur brennende Hautrötungen?
In der Heilkunde gehört die Brennnessel als Tee zu den ältesten Heilkräutern. Brennnesselsalat ist innovativ und in Kombination mit Löwenzahn, Kamille, Zwiebel, Senf und Forelle besonders reich an gesundheitsfördernden Nährstoffen.

1 Portion

20 g	Wildkräuter – wie Brennnessel, Pimpernelle, Rotklee, Sauerklee, Senfkresse, Vogelmiere, Blattsenf, Löwenzahn (eine große Handvoll)
50 g	Erdäpfel (Kipfler)
1 EL	Apfelessig
1 EL	Leinsamenöl
1 EL	Sonnenblumenkerne
50 ml	Gemüsesuppe
1	rote Zwiebel
1 TL	Senf
40 g	geräucherte Bachforelle
	Salz

Für den Erdäpfelsalat eine Marinade kochen, dafür die Zwiebel in feine Würfel schneiden und zusammen mit der Gemüsesuppe, Senf und Apfelessig aufkochen lassen.

Die Erdäpfel in gesalzenem Wasser weich kochen, danach leicht auskühlen lassen, schälen und in dünne Scheiben schneiden, mit der Marinade übergießen und 20 Minuten ziehen lassen.

Die Brennnessel in ein Tuch einwickeln und 5 Minuten in warmes Wasser legen, danach klein schneiden und weiterverwenden. Die zweite Möglichkeit wäre, die Blätter flach auf ein Tuch zu legen, ein zweites Tuch darüberzulegen und mit einem Nudelholz mehrmals darüber zu rollen.

Den Erdäpfelsalat mit den Wildkräutern vermischen und zusammen mit der Bachforelle auf einem Teller anrichten, mit Sonnenblumenkernen bestreuen.

Vitamine / sek. Pflanzenstoffe	↑↑↑
Ballaststoffe	↑↑
a-Linolen-/Ω-3-Fettsäuren	↑↑↑
Cholesterin / ges. Fettsäuren	↓↓↓
glykämische Last	↓↓↓

ROTE-RÜBEN-HEIDELBEER-SALAT

mit Walnussdressing und Seesaibling

Super-Plus: Nüsse sind gesund für Herz und Gefäße.

Wirkung: Die besondere Zusammensetzung unterschiedlicher Nährstoffe macht die Nuss vor allem durch die positive Wirkung auf die Blutfettwerte (Senkung des „bösen" LDL-Cholesterins) wertvoll. Omega-3-Fettsäuren aus Seesaibling und Leinsamen- sowie Walnussöl verstärken diesen Effekt.

1 Portion

80 g	Seesaiblingsfilet
100 ml	Leinsamenöl
2 Zw.	Thymian
50 g	Rote Rüben
50 g	Heidelbeeren
2 EL	gehackte Walnüsse
½ Tasse	Gartenkresse
1 EL	Apfelessig
1 EL	Walnussöl
	Salz

Das Leinsamenöl mit dem Thymian auf 75 °C erhitzen, über den Fisch gießen und diesen 30 Minuten ziehen lassen.

Die Roten Rüben in dünne Scheiben schneiden, mit Apfelessig und Walnussöl beträufeln und mit Salz würzen. Den Fisch in Stücke schneiden und mit den Heidelbeeren auf den Rüben verteilen, mit Walnüssen bestreuen und mit Gartenkresse garnieren.

Vitamine/sek. Pflanzenstoffe	↑↑↑
Ballaststoffe	↑↑
α-Linolen-/Ω-3-Fettsäuren	↑↑↑
Cholesterin/ges. Fettsäuren	↓↓↓
glykämische Last	↓↓↓

KOHLRABI-RADIESCHEN-SALAT

mit Senfdressing und Felchenfilets

Super-Plus: Senföle in scharf schmeckenden Gemüsesorten stärken die Abwehrkräfte.

Wirkung: Pflanzen aus der Gattung der Kreuzblütler wie Radieschen, Gartenkresse, Kapuzinerkresse, Kohlrabi und Senf enthalten Senföle, die mit einer antimikrobiellen Wirkung in Zusammenhang gebracht werden. Senföle haben auch eine starke antioxidative Wirkung.

1 Portion

50 g	Kohlrabi
2	Radieschen
1 Tasse	Gartenkresse
5 g	geschrotete Leinsamen
1-2 EL	Leinsamenöl
1 EL	Apfelessig
80 g	Felchenfilets ohne Haut und Gräten
1 Bund	Radieschen
5 EL	Apfelessig
	Salz

Den Kohlrabi schälen und mit einem Sparschäler in dünne Streifen schneiden, die beiden Radieschen in dünne Streifen hobeln.

Leinsamenöl mit dem Apfelessig verrühren und mit Salz abschmecken, die Kohlrabistreifen und Radieschen darin marinieren.

Einen Bund Radieschen entsaften und mit dem Apfelessig und ½ TL Salz verrühren, das Felchenfilet darin 30 Minuten ziehen lassen, danach aus der Marinade nehmen und abwaschen.

Das Fischfilet in dünne Scheiben schneiden, zusammen mit dem Salat anrichten und mit Gartenkresse und Leinsamen garnieren.

Vitamine / sek. Pflanzenstoffe	↑↑↑
Ballaststoffe	↑↑
ua-Linolen- / Ω-3-Fettsäuren	↑↑↑
Cholesterin / ges. Fettsäuren	↓↓↓
glykämische Last	↓↓↓

KÜRBIS-WEINTRAUBEN-SALAT

mit Kürbiskernen und faschierten Lammbällchen

Super-Plus: ideale Nährstoffkombination für Ihre Haare

Wirkung: Haarausfall ist nicht nur ein medizinisches, sondern auch ein kosmetisches Problem, das die Betroffenen in ihrem Wohlbefinden und Selbstvertrauen stark beeinträchtigen kann. Auch das Haar benötigt eine ausreichende Nährstoffversorgung. Die „Haarnährstoffe" sind Eiweiße, die für die Keratinbildung notwendig sind, und die Vitamine B2, B6, B12, D und C sowie die Mineralien Zink, Magnesium und Eisen.

1 Portion

¼	Hokkaidokürbis
1 EL	Kürbiskerne
5	Weintrauben
2 EL	Apfel-Aroniasaft
1 EL	Walnussöl
1 EL	Apfelessig
½ Tasse	Gartenkresse
100 g	faschiertes Lammfleisch
½ TL	Paprikapulver
1 TL	getrockneter Oregano
½ TL	gemahlener Kümmel
1 EL	Sonnenblumenöl
	Salz

Das Lammfleisch mit den Gewürzen vermischen und mit Salz abschmecken, daraus kleine Bällchen formen.

Den Hokkaidokürbis grob reiben, die Weintrauben halbieren, den Kürbis mit Apfel-Aroniasaft, Apfelessig, Walnussöl und den Weintrauben vermischen, mit Salz abschmecken.

Die Lammbällchen in 1 EL Sonnenblumenöl anbraten und in vorgeheiztem Backrohr bei 160 °C für 5 Minuten fertig braten.

Den Kürbissalat auf einem Teller verteilen, die Lammbällchen darauf anrichten und mit Kürbiskernen und Gartenkresse bestreuen.

Vitamine/sek. Pflanzenstoffe	↑↑↑
Ballaststoffe	↑↑
a-Linolen-/Ω-3-Fettsäuren	↑↑
Cholesterin/ges. Fettsäuren	↓↓
glykämische Last	↓↓↓

SPARGEL-ERDBEER-SALAT

mit Hanfsamen und Hühnerbrustspießen

Super-Plus: Grün schützt die Zelle.

Wirkung: Grüner Spargel wächst im Gegensatz zu weißem oberhalb der Erde und ist somit dem Sonnenlicht ausgesetzt. Das führt zur Bildung des sekundären Pflanzenstoffs Chlorophyll und damit zur Grünfärbung des Spargels. Auch Chlorophyll wird mit krebsvorbeugender Wirkung in Zusammenhang gebracht. Wichtig: Chlorophyll ist fettlöslich! Deshalb muss man es wie in grünen Smoothies (siehe Seite 36/38) oder Salaten mit fetthaltigen Komponenten, z. B. mit Ölen, Nüssen, Samen etc., kombinieren, damit es vom Körper verwertet werden kann.

1 Portion

4 Stg.	grüner Spargel
4	Erdbeeren
1 EL	geschälte Hanfsamen
1 EL	Hanfsamenöl
4 Zw.	Minze
100 g	Hühnerbrust
1 EL	Sonnenblumenöl
1 TL	getrockneter Thymian
1 TL	getrockneter Rosmarin
	Salz

Die Hühnerbrust der Länge nach in Streifen schneiden und mit Salz würzen, das Fleisch auf Holzspieße aufspießen und in Thymian und Rosmarin wälzen, danach bis zur weiteren Verwendung in den Kühlschrank stellen.

Die Hanfsamen mit dem Hanfsamenöl vermischen und mit Salz gut abschmecken, die Erdbeeren halbieren.

In einer Pfanne 1 EL Sonnenblumenöl erhitzen, den geputzten Spargel und die Hühnerspieße darin von allen Seiten braten, bis der Spargel weich und das Huhn durchgebraten ist.

Den Spargel auf eine Platte legen, die Erdbeeren und die Hanfsamen darauf anrichten und mit frischer Minze garnieren, auf einem separaten Teller die Hühnerspieße anrichten.

Vitamine / sek. Pflanzenstoffe	↑↑↑
Ballaststoffe	↑↑
a-Linolen-/Ω-3-Fettsäuren	↑↑↑
Cholesterin / ges. Fettsäuren	↓↓↓
glykämische Last	↓↓↓

ZUCCHINI-MINZE-FISOLEN-SALAT

mit Sonnenblumenkernen und Putenbrust

Super-Plus: 2016, das Jahr der Hülsenfrüchte

Wirkung: Hülsenfrüchte wie die Fisole zeichnen sich durch einen hohen Eiweiß-, Kohlenhydrat- und Ballaststoffgehalt aus – eine Lebensmittelgruppe mit hohem Nachhaltigkeitspotenzial.

1 Portion

1	Zucchini (gelb oder grün)
6	Fisolen
4 Zw.	Minze
1 EL	Apfelessig
1	geschälte Schalotte
1 EL	Sonnenblumenkerne
1 EL	Leinsamenöl
1 EL	Apfelessig
1 EL	Sonnenblumenöl
100 g	Putenbrust
	Salz

Die Zucchini mit einem Sparschäler der Länge nach in dünne Streifen schneiden, die Fisolen in kleine Stücke schneiden und in kochendem Wasser bissfest kochen, die Schalotte in kleine Würfel schneiden.

Zucchini und Fisolen mit Apfelessig, Leinsamenöl und den Schalottenwürfeln vermischen, mit Salz abschmecken.

Die Putenbrust in kleine Stücke schneiden und mit Salz würzen, eine Pfanne mit 1 EL Sonnenblumenöl erhitzen und das Fleisch darin braten, bis es durch ist.

Den Salat auf einem Teller flach verteilen, darauf die Putenbrust legen und mit frischer Minze garnieren.

Vitamine / sek. Pflanzenstoffe	↑↑↑
Ballaststoffe	↑↑
a-Linolen-/Ω-3-Fettsäuren	↑↑
Cholesterin / ges. Fettsäuren	↓↓↓
glykämische Last	↓↓↓

KAPUZINERKRESSE-HOLUNDERBEEREN-SALAT

mit Hüferlscherzelsteaks

Super-Plus: Fleisch mit süßer Note und viel Vitamin C

Wirkung: Durch die Verwendung von Frischfleisch sind die Steaks frei von Konservierungsstoffen. Deswegen und wegen der schonenden Garmethode ist der Gehalt der mit der Krebsentstehung in Zusammenhang gebrachten Nitrosamine sehr gering. Ergänzend kommen hier die antioxidative Wirkung durch Pflanzenstoffen wie Flavonoide in Holunderbeeren und in rotem Traubensaft sowie Senföle und reichlich Vitamin C in der Brunnenkresse hinzu.

4 Portionen

30 g	Kapuzinerkresse
100 g	Holunderbeeren
1 EL	Apfelessig
2 EL	Traubenkernöl
4 EL	roter Traubensaft
4 EL	Sonnenblumenkerne
8	Hüferlscherzelsteaks (à 60 g)
1 EL	Rapsöl
	Salz

Die Holunderbeeren mit Traubensaft, Traubenkernöl und Apfelessig aufkochen lassen, mit Salz abschmecken.

Die Hüferlscherzel salzen und in einer heißen Pfanne mit 1 EL Rapsöl von beiden Seiten 2 Minuten anbraten.

Die Steaks auf einen vorgewärmten Teller legen, die Holunderbeeren darauf anrichten, mit den Sonnenblumenkernen bestreuen und mit frischer Kapuzinerkresse garnieren.

Vitamine / sek. Pflanzenstoffe	↑↑↑
Ballaststoffe	↑
a-Linolen-/Ω-3-Fettsäuren	↑↑
Cholesterin / ges. Fettsäuren	↓↓
glykämische Last	↓↓↓

SCHWARZWURZEL-VOGERLSALAT

mit Walnüssen und Hirschrücken

Super-Plus: Lösliche Ballaststoffe sind gut für die Darmflora.

Wirkung: Schwarzwurzeln liefern wenige Kalorien, weisen jedoch einen hohen Gehalt an löslichen Ballaststoffen wie Inulin auf. Inulin ist eine wichtige Energiequelle der Darmflora und fördert somit deren Gesundheit. In Kombination mit Vogerlsalat ist dieses Gericht auch bei „nervösem" Magen-Darm-Trakt leicht verträglich.

1 Portion

50 g	Schwarzwurzeln
20 g	Vogerlsalat
1 EL	gehackte Walnüsse
1 TL	geriebener Kren
2 EL	Apfelsaft
1 EL	Apfelessig
1	geschälte Schalotte
1 EL	Leinsamenöl
1 EL	Sonnenblumenöl
50 g	Hirschrücken
	Salz

Die Schwarzwurzeln am besten mit Gummihandschuhen schälen, in kleine Stücke schneiden und 4 Minuten in gesalzenem Wasser kochen lassen, danach kalt abschrecken. Die Schalotte in kleine Würfel schneiden und in 1 EL Leinsamenöl anbraten, die Schwarzwurzelstücke dazugeben und kurz weiterbraten, mit dem Apfelsaft ablöschen und mit Salz abschmecken.

Den Hirschrücken in dünne Scheiben schneiden und leicht salzen, eine zweite Pfanne erhitzen und darin das Fleisch mit 1 EL Sonnenblumenöl von beiden Seiten kurz anbraten.

Den Hirschrücken flach auf einen Teller legen, darauf die Schwarzwurzeln und die Walnüsse verteilen. Den Vogerlsalat mit 1 EL Leinsamenöl, 1 EL Apfelessig und etwas Salz abschmecken und auf dem Fleisch anrichten, frischen Kren darüberreiben und sofort genießen.

Vitamine / sek. Pflanzenstoffe	↑↑↑
Ballaststoffe	↑↑↑
α-Linolen-/Ω-3-Fettsäuren	↑↑
Cholesterin / ges. Fettsäuren	↓↓
glykämische Last	↓↓

HIRSE-BROKKOLI-ERBSEN-SALAT

Super-Plus: glutenfrei und doch reich an Ballaststoffen

Wirkung: Besonders jene, die sich glutenfrei ernähren müssen oder wollen, essen sehr viel Reis. Geschälter Reis liefert wenig Mikronährstoffe und Ballaststoffe, was unter anderem zu Darmträgheit führen kann. Die glutenfreie Hirse hingegen ist reich an Ballaststoffen. In Kombination mit löslichen Ballast- und Vitalstoffen aus Brokkoli, Erbsen und Radieschen gibt sie Energie und fördert die Darmgesundheit.

1 Portion

50 g	Hirse
100 ml	Gemüsesuppe
20 g	Brokkoli
2	Radieschen
20 g	Rucola
15 g	Erbsen
1 EL	Apfelessig
1-2 EL	Leinsamenöl
	Salz

Die Gemüsesuppe aufkochen, die Hirse dazugeben, verrühren und vom Herd nehmen, zugedeckt ca. 20 Minuten ziehen lassen.

Die Radieschen in dünne Scheiben schneiden, den Brokkoli und die Erbsen in Salzwasser 3 Minuten kochen lassen und kalt abschrecken.

Die Hirse mit dem Apfelessig und dem Leinsamenöl verrühren, das Gemüse und den Rucola daruntermischen, mit Radieschen garnieren und mit Salz abschmecken.

Schmeckt zu Hause oder zum Mitnehmen in die Arbeit.

Vitamine/sek. Pflanzenstoffe	↑↑↑
Ballaststoffe	↑↑↑
a-Linolen-/Ω-3-Fettsäuren	↑↑
Cholesterin/ges. Fettsäuren	↓↓↓
glykämische Last	↓↓

BUCHWEIZEN-SPARGEL-SALAT

mit Zitronenmelisse

Super-Plus: Beruhigung bei nervösem Magen

Wirkung: Zitronenmelisse hat eine beruhigende Wirkung bei Magenbeschwerden: Sie lindert Krämpfe und Blähungen und regt die Bildung der Verdauungssäfte an. In Kombination mit glutenfreiem Buchweizen und leicht verträglichem Gemüse ist dieses Gericht sehr bekömmlich – und auch ideal für das Mittagessen im Büro.

1 Portion

50 g	Buchweizen
4 Stg.	grüner Spargel
4 Zw.	Zitronenmelisse
10 g	Paprika aus dem Glas
20 g	Ziegenkäse
10	Heidelbeeren
1 EL	Apfelessig
½ Bund	Schnittlauch
1-2 EL	Leinsamenöl
	Salz

Den Buchweizen in 100 ml Wasser und 1 Messerspitze Salz ca. 15 Minuten bei schwacher Hitze weich kochen.

Den Spargel in kleine Stücke schneiden und in gesalzenem Wasser 3 Minuten lang kochen, kalt abschrecken. Den Paprika in kleine Stücke, den Schnittlauch in Ringe schneiden, den Ziegenkäse in grobe Stück brechen.

Den Spargel mit Schnittlauch, Paprika, Heidelbeeren und Ziegenkäse unter den Buchweizen mischen, mit Salz, Apfelessig und Leinsamenöl abschmecken, mit Zitronenmelisseblättern garnieren.

Vitamine / sek. Pflanzenstoffe	↑↑↑
Ballaststoffe	↑↑
a-Linolen- / Ω-3-Fettsäuren	↑↑
Cholesterin / ges. Fettsäuren	↓↓↓
glykämische Last	↓↓

PERLGRAUPEN-SÜSSKARTOFFEL-SALAT

mit Rosinen

Super-Plus: Ballaststoffe machen länger satt.

Wirkung: Ballaststoffreiche Mahlzeiten erhöhen das Volumen des Nahrungsmittelbreis. Die Magenverweildauer wird dadurch verlängert, was auch zu einem länger anhaltenden Sättigungsgefühl führt: für eine Gewichtsreduktion von großer Wichtigkeit! Denn wer satt ist, hat weniger Lust zu „snacken".

1 Portion

50 g	Perlgraupen
1	Süßkartoffel
2 EL	Rosinen
10 g	geschälte Hanfsamen
1	Paradeiser
5 Bl.	Petersilie
4 EL	Apfel-Aroniasaft
1-2 EL	Hanfsamenöl
1 EL	Apfelessig
10 Bl.	Minze
	Salz

Den Süßkartoffel mit einer Gabel mehrmals einstechen und im Backrohr bei 160 °C ca. 30 Minuten braten lassen, wenn er weich ist, aus dem Ofen nehmen, auskühlen lassen und das Fleisch mit einer Gabel zerdrücken.

Die Petersilie grob hacken, den Paradeiser vierteln, das Kerngehäuse herausschneiden und das Fruchtfleisch in Würfel schneiden.

Die Perlgraupen in reichlich gesalzenem Wasser weich kochen, abgießen und kalt abschrecken, das Süßkartoffelfleisch, die Rosinen, Hanfsamen, Petersilie und Paradeiserwürfel daruntermischen und mit Apfel-Aroniasaft, Hanfsamenöl, Apfelessig und Salz abschmecken.

Den Salat mit frischer Minze garnieren.

Vitamine / sek. Pflanzenstoffe	↑↑↑
Ballaststoffe	↑↑↑
α-Linolen-/Ω-3-Fettsäuren	↑↑
Cholesterin / ges. Fettsäuren	↓↓↓
glykämische Last	↓↓

DINKEL-RHABARBER-SALAT

mit Paradeisern

Super-Plus: Ballaststoffe helfen einer trägen Verdauung auf die Sprünge.

Wirkung: Durch das Wasserhaltevermögen der wasserunlöslichen Ballaststoffe wie Zellulose und Hemizellulose, die z. B. im Dinkel vorkommen, bleibt der Speisebrei im Magen-Darm-Trakt weicher und voluminöser. Dadurch wird die Darmbewegung angeregt und die Verdauung beschleunigt. Kombiniert mit entsprechendem Trinkverhalten kann somit eine Verstopfung behandelt oder dieser vorgebeugt werden.

1 Portion

50 g	Dinkel
8	bunte Kirschparadeiser
4 Stg.	Jungzwiebeln
10 g	gehackte Walnüsse
1 Stg.	Rhabarber
50 ml	roter Traubensaft
1-2 EL	Walnussöl
1 EL	Apfelessig
10 Bl.	Petersilie
½ Tasse	Gartenkresse
	Salz

Den Dinkel über Nacht in Wasser einlegen. Dann mit frischem Wasser bedeckt zum Kochen bringen, bei schwacher Hitze ca. 25 Minuten kochen, abgießen und kalt abschrecken.

Den Rhabarber in kleine Stücke schneiden und mit dem Traubensaft 5 Minuten köcheln lassen. Die Petersilie grob hacken, die Jungzwiebeln in Ringe schneiden, die Paradeiser halbieren.

Den Dinkel mit Paradeisern, Rhabarber, Petersilie und Jungzwiebeln vermischen, mit Walnussöl, Apfelessig und Salz abschmecken. Den Dinkelsalat mit Walnusskernen und Gartenkresse garnieren.

Vitamine / sek. Pflanzenstoffe	↑↑↑
Ballaststoffe	↑↑↑
α-Linolen- / Ω-3-Fettsäuren	↑↑
Cholesterin / ges. Fettsäuren	↓↓↓
glykämische Last	↓↓

VEGANE GERICHTE

Obst, Gemüse und Getreide sind reich an Pflanzenstoffen. Wer täglich eine Fülle an unterschiedlichen Sorten konsumiert, kann dieses natürliche Angebot optimal nützen. Es gilt: Je bunter, desto reichhaltiger. Mit unseren raffinierten veganen Rezepten bieten wir Abwechslung für einen ausgewogenen Ernährungsalltag zugunsten von Nachhaltigkeit und Umweltschutz.

Buchweizennudeln mit Brokkoli und Kräutersaitlingen	102
Rollgerste-Kürbis-Risotto mit Walnüssen und Weintrauben	104
Pilzeintopf mit Spinat, Nüssen, Kernen und getrockneten Marillen	106
Kürbis-Paprika-Gulasch mit Kren	108
Hirse-Karotten-Laibchen mit Leinsamen-Soja-Joghurt-Dip	110
Cremiger Maisgrieß mit Spargel, Hanfsamen und Jungzwiebeln	112

BUCHWEIZENNUDELN

mit Brokkoli und Kräutersaitlingen

Super-Plus: glutenfrei, leicht gemacht

Wirkung: Buchweizen ist nicht, wie oft fälschlicherweise angenommen wird, mit dem Weizen verwandt. Er ist kein Getreide, sondern ein Knöterichgewächs und daher von Natur aus glutenfrei. Dieses Gericht ist für Menschen, die sich glutenfrei ernähren müssen/wollen, eine ausgezeichnete Alternative zu Weizennudeln.

4 Portionen

200 g	Buchweizennudeln
100 g	junger Brokkoli
100 g	Kräutersaitlinge
30 ml	Gemüsefond
1 Bd.	Basilikum
2 EL	Leinsamenöl
	Salz

Die Buchweizennudeln in gesalzenem Wasser ca. 5 Minuten kochen, abgießen und bis zur späteren Verwendung zur Seite stellen.

Die Kräutersaitlinge der Länge nach in dünne Scheiben schneiden und in 2 EL Leinsamenöl zusammen mit dem Brokkoli anbraten, die Nudeln und den Gemüsefond dazugeben und mit Salz abschmecken.

Die Nudeln anrichten und mit frischem Basilikum garnieren.

Vitamine/sek. Pflanzenstoffe	↑↑
Ballaststoffe	↑↑
a-Linolen-/Ω-3-Fettsäuren	↑
Cholesterin/ges. Fettsäuren	↓↓↓
glykämische Last	↓↓

ROLLGERSTE-KÜRBIS-RISOTTO

mit Walnüssen und Weintrauben

Super-Plus: Ballaststoffe für gesunde Zähne

Wirkung: Intensives Kauen von ballaststoffhaltiger Kost aus Getreide und aus Gemüse, Nüssen und Samen pflegt das Zahnfleisch und beugt Karies vor. Mehr Speichel wird im Mund gebildet, umspült die Zähne und neutralisiert die Säure am Zahnschmelz.

4 Portionen

250 g	Rollgerste
½	Hokkaidokürbis
100 g	Wirsing
20 g	Walnüsse
700 ml	Gemüsesuppe
2 EL	Sonnenblumenöl
1 Tasse	Gartenkresse
2	Schalotten
2	Knoblauchzehen
10	rote Weintrauben
	Salz

Die Schalotten, den Knoblauch und den Kürbis in feine Würfel schneiden und in einem Topf zusammen mit der Rollgerste und 2 EL Sonnenblumenöl anbraten, mit der Suppe aufgießen und unter ständigem Rühren ca. 30 Minuten köcheln lassen, mit Salz abschmecken.

Den Wirsing in grobe Stücke schneiden, die Weintrauben halbieren, beides unter das Risotto rühren, auf vier Tellern anrichten und mit den Walnüssen sowie der Gartenkresse garnieren.

Vitamine/sek. Pflanzenstoffe	↑↑↑
Ballaststoffe	↑↑↑
a-Linolen-/Ω-3-Fettsäuren	↑
Cholesterin/ges. Fettsäuren	↓↓↓
glykämische Last	↓↓

PILZEINTOPF

mit Spinat, Nüssen, Kernen und getrockneten Marillen

Super-Plus: Carotinoide – sekundäre Pflanzenstoffe mit krankheitsvorbeugender Wirkung

Wirkung: Carotinoide befinden sich vor allem in gelb, orange und rot gefärbtem Obst und Gemüse. Weniger bekannt ist, dass sie auch in grünen Gemüsearten wie Spinat zu finden sind. Hier wird das gelb-rote Farbspektrum der Carotinoide durch das grüne Chlorophyll überlagert. Einer der wichtigsten Vertreter der etwa 700 Carotinoide ist das Beta-Carotin.

4 Portionen

750 g	Pilze (wie Kräutersaitlinge, braune Champignons, Eierschwammerln, Steinpilze)
30 g	Baby-Blattspinat
25 g	getrocknete Marillen
½ Stg.	Lauch
10 EL	Sonnenblumenkerne
10 g	Walnüsse
10 g	Kürbiskerne
10 g	geschrotete Leinsamen
1 kl. Bd.	Petersilie
500 ml	Gemüsefond
2 EL	Sonnenblumenöl
2 EL	Walnussöl
	Salz

Die Pilze und den Lauch waschen und in grobe Stücke schneiden, in einem Topf 2 EL Sonnenblumenöl erhitzen, den Lauch und die Pilze darin anbraten, die Marillen grob schneiden, zu den Pilzen geben und mit dem Gemüsefond aufgießen, ca. 10 Minuten kochen lassen und mit Salz abschmecken.

Die Petersilie und die Walnüsse grob hacken, die Petersilie, den Blattspinat und 2 EL Walnussöl unter den Eintopf rühren.

Sonnenblumen- und Kürbiskerne sowie Leinsamen auf den angerichteten Pilzeintopf streuen.

Vitamine/sek. Pflanzenstoffe	↑↑↑
Ballaststoffe	↑↑↑
a-Linolen-/Ω-3-Fettsäuren	↑↑↑
Cholesterin/ges. Fettsäuren	↓↓↓
glykämische Last	↓↓↓

KÜRBIS-PAPRIKA-GULASCH

mit Kren

Super-Plus: Paradeisermark schützt vor Sonnenbrand.

Wirkung: Lycopin, der rote Farbstoff der Paradeiser, schützt die Haut vor den UV-Strahlen der Sonne. Aus erhitzten (gekochten) Paradeisern ist Lycopin für unseren Körper besonders gut verwertbar. Paradeisersauce, -mark oder -suppe liefern daher mehr Lycopin als frische Paradeiser im Rohzustand.

4 Portionen

500 g	Muskatkürbis
2	rote Paprika
1 TL	Paprikapulver
1 EL	Paradeismark
450 ml	Gemüsesuppe
2	Knoblauchzehen
2	Schalotten
4 Stg.	Jungzwiebeln
1 EL	Apfelessig
½ TL	gemahlener Kümmel
2 EL	frisch geriebener Kren
2 EL	Rapsöl
	Salz

Den Kürbis, die Schalotten und den Knoblauch schälen und in kleine Stücke schneiden, die Paprika vom Kerngehäuse befreien und in grobe Stücke schneiden.

In einem breiten Topf 2 EL Rapsöl erhitzen, Kürbis, Schalotten, Paprika und Knoblauch darin anbraten, Paradeismark dazugeben, kurz weiterbraten. Nun das Paprikapulver dazugeben, mit Apfelessig ablöschen und mit der Gemüsesuppe aufgießen. Köcheln lassen, bis der Kürbis weich ist, mit Salz abschmecken.

Die Jungzwiebeln in feine Ringe schneiden, auf das angerichtete Gulasch streuen und mit frisch geriebenem Kren garnieren.

Vitamine / sek. Pflanzenstoffe	↑↑↑
Ballaststoffe	↑↑
a-Linolen-/Ω-3-Fettsäuren	↑
Cholesterin / ges. Fettsäuren	↓↓↓
glykämische Last	↓↓

HIRSE-KAROTTEN-LAIBCHEN

mit Leinsamen-Soja-Joghurt-Dip

Super-Plus: gute Nährstoffkombination bei veganer Ernährung

Wirkung: Bei einer veganen Ernährung ist die Deckung mit „kritischen Nährstoffen" wie zum Beispiel Eiweiß, Omega-3-Fettsäuren, Vitamin B12 und Eisen nicht in ausreichendem Maße gewährleistet. Die Kombination bestimmter pflanzlicher Lebensmittel kann das Risiko eines Nährstoffmangels so gering wie möglich halten.

4 Portionen

125 g	Hirse
250 ml	Gemüsesuppe
2	Karotten
10 g	Vollkorn-Semmelbrösel
1 EL	getrockneter Liebstöckel
2 EL	Leinsamenöl
1 EL	geschrotete Leinsamen
1 EL	Sonnenblumenöl
200 g	Soja-Joghurt natur
30 g	Rucola
	Salz

Für die Laibchen die Gemüsesuppe aufkochen lassen, die Hirse darin ca. 15 Minuten kochen lassen, bis sie die gesamte Flüssigkeit aufgesogen hat, danach zugedeckt 20 Minuten ohne Hitze quellen lassen.

Die Karotten schälen und raspeln, zusammen mit dem Liebstöckel unter die Hirse mischen, die Hirsemasse mit Salz abschmecken und mit feuchten Händen Laibchen formen. Die Laibchen in Semmelbröseln wälzen, mit 1 EL Sonnenblumenöl beträufeln und im Backrohr bei 160 °C ca. 15 Minuten knusprig backen.

Das Soja-Joghurt mit Leinsamenöl und Leinsamen verrühren, mit Salz abschmecken.

Den Rucola flach auf einer Platte verteilen, darauf die Laibchen anrichten und mit dem Joghurt-Dip beträufeln.

Vitamine / sek. Pflanzenstoffe	↑↑↑
Ballaststoffe	↑↑↑
α-Linolen-/Ω-3-Fettsäuren	↑↑
Cholesterin / ges. Fettsäuren	↓↓↓
glykämische Last	↓↓

CREMIGER MAISGRIESS

mit Spargel, Hanfsamen und Jungzwiebeln

Super-Plus: Nährstoffe gegen Krankheitserreger

Wirkung: Ballaststoffe werden im Dickdarm teilweise von Bakterien zu Fettsäuren abgebaut. Diese dienen den Zellen der Darmschleimhaut als Energiequelle und sorgen für eine intakte Darmflora. Zusammen bildet dies eine wirkungsvolle Barriere gegen Krankheitserreger. Zusätzlich wirken die sekundären Pflanzenstoffe in Kresse, Basilikum, Petersilie und Jungzwiebeln antimikrobiell.

4 Portionen

160 g	Maisgrieß
500 ml	Gemüsesuppe
15 Stg.	weißer Spargel
10	Kirschparadeiser
4 Stg.	Jungzwiebeln
30 g	geschälte Hanfsamen
4 EL	Hanfsamenöl
2 EL	Sonnenblumenöl
3 EL	Apfelessig
1 Tasse	Gartenkresse
10 Bl.	Basilikum
10 Bl.	Petersilie
	Salz

Die Gemüsesuppe zum Kochen bringen, den Maisgrieß unter ständigem Rühren in die kochende Suppe geben, bei schwacher Hitze ca. 30 Minuten köcheln lassen und mit Salz abschmecken.

Den Spargel in dünne Stücke schneiden, diese in 2 EL Sonnenblumenöl anbraten, bis sie weich sind, und mit Salz würzen.

Die Paradeiser halbieren, die Jungzwiebeln in Ringe schneiden, beide mit Hanfsamen und Hanfsamenöl vermischen und mit Salz abschmecken.

Den Maisgrieß auf einem Teller flach verteilen, darauf den Spargel anrichten und auf diesem die Paradeiser-Hanfsamen-Jungzwiebel-Öl-Mischung verteilen. Das Ganze mit frischem Basilikum, Gartenkresse und Petersilie garnieren.

Vitamine / sek. Pflanzenstoffe	↑↑↑
Ballaststoffe	↑↑↑
a-Linolen-/Ω-3-Fettsäuren	↑↑↑
Cholesterin / ges. Fettsäuren	↓↓↓
glykämische Last	↓↓

VEGETARISCHE GERICHTE

Bei vegetarischer Ernährung ist die bedarfsentsprechende Eiweißversorgung eine Herausforderung. Die sorgfältige Kombination von Lebensmitteln innerhalb einer Mahlzeit sorgt dafür, den täglichen Bedarf an essentiellen Eiweißen zu decken.

Spargel-Eiweiß-Omelett mit Brunnenkresse und Walnüssen 116
Vollkornnudeln mit Paradeisern, Rucola und Frischkäse 118
Zerdrückte Linsen und Hokkaidokürbis mit Hanfsamen, Spinat und Joghurt 120
Bohneneintopf mit Artischocken, Leinsamen, Buttermilch und Sprossen 122
Buchweizenpalatschinken mit Frühlingsgemüse und Sonnenblumenkernen 124

SPARGEL-EIWEISS-OMELETT

mit Brunnenkresse und Walnüssen

Super-Plus: das Ei, besser als sein Ruf

Wirkung: Eier enthalten für den Menschen alle lebensnotwendigen Eiweißbestandteile, die Aminosäuren. Die Wertigkeit von eiweißreichen Lebensmitteln wird daran gemessen, wie gut sich deren Eiweiß in körpereigenes Eiweiß für Muskeln, Gewebe, Blutzellen und mehr umwandeln lässt. Das macht die biologische Wertigkeit (BW) eines Lebensmittels aus. Als Referenz wird die biologische Wertigkeit (=100) des Eies herangezogen, das heißt: Alle tierischen und pflanzlichen Eiweißquellen messen sich am Ei.

1 Portion

3	Eier (2 Eiklar + 1 Vollei)
4 Stg.	grüner Spargel
10 g	Brunnenkresse
1 EL	Rapsöl
1 EL	gehackte Walnüsse
	Salz

Von 2 Eiern das Eiweiß vom Eidotter trennen. Eiweiß und das dritte Ei mit 1 Msp. Salz verrühren, eine beschichtete Pfanne mit 1 EL Sonnenblumenöl erhitzen, die Eimasse in die Pfanne geben und anbacken lassen, dabei vorsichtig umdrehen, das fertig gebackene Omelett auf einen Teller legen.

Den Spargel in gesalzenem Wasser 3 Minuten kochen, aus dem Wasser heben, auf das Omelett legen und dieses zusammenschlagen. Zum Schluss das Omelett mit gehackten Walnüssen bestreuen und mit Brunnenkresse garnieren.

Vitamine / sek. Pflanzenstoffe	↑↑↑
Ballaststoffe	↑
a-Linolen- / Ω-3-Fettsäuren	↑↑
Cholesterin / ges. Fettsäuren	↓↓
glykämische Last	↓↓↓

VOLLKORNNUDELN

mit Paradeisern, Rucola und Frischkäse

Super-Plus: Endlich satt!

Wirkung: Vollkornmehle sind reich an Ballaststoffen. Diese erhöhen das Volumen des Speisebreis. Die Magenverweildauer und folglich das Bestehen des Sättigungsgefühls werden dadurch verlängert. Wichtig ist jedoch dabei, auf eine ausreichende Flüssigkeitszufuhr zur achten – ohne diese können Ballaststoffe nicht quellen.

4 Portionen

350 g	Vollkornnudeln
1 EL	Leinsamenöl
50 g	Rucola
20 g	fettreduzierter Frischkäse
20	Kirschparadeiser
	Salz

Die Paradeiser halbieren und in einer großen Pfanne in 1 EL Leinsamenöl anbraten.

Die Nudeln in reichlich Salzwasser bissfest kochen, das Wasser abgießen und die Nudeln zu den Paradeisern in die Pfanne geben.

Frischkäse dazugeben, alles gut vermischen und mit Salz abschmecken. Mit Rucola dekorieren.

Vitamine/sek. Pflanzenstoffe	↑↑↑
Ballaststoffe	↑↑↑
a-Linolen-/Ω-3-Fettsäuren	↑
Cholesterin/ges. Fettsäuren	↓↓↓
glykämische Last	↓↓

ZERDRÜCKTE LINSEN UND HOKKAIDOKÜRBIS

mit Hanfsamen, Spinat und Joghurt

Super-Plus: Linsen liefern hochwertiges pflanzliches Eiweiß.

Wirkung: Linsen gehören zu den Hülsenfrüchten und stellen eine gute pflanzliche Eiweißquelle dar. In Kombination mit Eiweiß aus Joghurt und Hanfsamen können sie zur Deckung des Bedarfs an unentbehrlichen Eiweißbestandteilen, den essentiellen Aminosäuren, beitragen.

4 Portionen

160 g	Waldviertler Linsen
1 kl. Bd.	Schnittlauch
1	weiße Zwiebel
2 EL	Apfelessig
1	Hokkaidokürbis
25 g	Hanfsamen
3 EL	Hanfsamenöl
20 g	Blattspinat
200 g	fettreduziertes Joghurt
	Salz

Den Kürbis halbieren und die Samen herauskratzen, das Kürbisfleisch in dicke Spalten schneiden, mit 2 EL Hanfsamenöl einreiben und mit Salz würzen, auf ein Backblech legen und im Backrohr bei 160 °C ca. 25 Minuten lang braten.

Die Zwiebel in feine Würfel, den Schnittlauch in Ringe schneiden.

Die Linsen in reichlich Wasser weich kochen, abgießen und mit den Zwiebelwürfeln in 1 EL Hanfsamenöl in einer Pfanne anbraten. Schnittlauch, Hanfsamen und Apfelessig dazugeben und mit Salz abschmecken.

Die Kürbisspalten in einen tiefen Teller legen, die Linsen darüber anrichten, Joghurt darüberträufeln und mit dem Blattspinat garnieren.

Vitamine / sek. Pflanzenstoffe	↑↑↑
Ballaststoffe	↑↑↑
α-Linolen-/Ω-3-Fettsäuren	↑↑
Cholesterin / ges. Fettsäuren	↓↓↓
glykämische Last	↓↓↓

BOHNENEINTOPF

mit Artischocken, Leinsamen, Buttermilch und Sprossen

Super-Plus: Stärkung für die Knochen

Wirkung: Eine ausreichende Versorgung mit Eiweißen wirkt sich positiv auf die Knochengesundheit aus und gilt als wichtiger Faktor für die Vorbeugung gegen Osteoporose. Eiweiße und Kalzium aus Hülsenfrüchten (Bohnen) und Milchprodukten (Buttermilch), ergänzt durch Mohn und Leinsamen, fördern in dieser Kombination die Knochengesundheit.

4 Portionen

160 g	heimische Bohnen (wie weiße und rote Bohnen, Käferbohnen)
2	Schalotten
3	Knoblauchzehen
1 kl. Bd.	Petersilie
2 EL	Apfelessig
500 ml	Gemüsesuppe
2 EL	Leinsamenöl
50 g	Artischocken aus dem Glas
2 EL	geschrotete Leinsamen
3 EL	gemahlene Weißmohnsamen
160 ml	Buttermilch
20 g	Bohnensprossen
½ TL	Kümmel
	Salz

Die Bohnen über Nacht in Wasser einweichen.

Die Schalotten und den Knoblauch in kleine Würfel schneiden, in 2 EL Leinsamenöl anbraten, die Bohnen und den Kümmel dazugeben und kurz weiterbraten. Alles mit Apfelessig ablöschen und mit der Gemüsesuppe aufgießen, bei schwacher Hitze köcheln lassen, bis die Bohnen weich sind.

Die Artischocken halbieren, die Petersilie grob hacken und mit den Bohnensprossen unter den Eintopf rühren, mit Salz gut abschmecken.

Den angerichteten Eintopf mit Buttermilch beträufeln und mit Lein- und Weißmohnsamen bestreuen.

Vitamine/sek. Pflanzenstoffe	↑↑↑
Ballaststoffe	↑↑↑
a-Linolen-/Ω-3-Fettsäuren	↑↑↑
Cholesterin/ges. Fettsäuren	↓↓↓
glykämische Last	↓↓↓

BUCHWEIZENPALATSCHINKEN

mit Frühlingsgemüse und Sonnenblumenkernen

Super-Plus: Palatschinken bieten die perfekte Nährstoffkombination für Vegetarier.

Wirkung: In einer vegetarischen Ernährung ist die bedarfsentsprechende Eiweißversorgung eine Herausforderung. Die sorgfältige Kombination von Lebensmitteln deckt den täglichen Bedarf an essentiellen Eiweißen ab, wie dies z. B. durch die Palatschinke, ein Gericht aus Mehl, Milch, Topfen und Ei, geboten wird.

4 Portionen

150 g	Buchweizenmehl
300 ml	Milch
1	Ei
4 EL	Sonnenblumenöl
8 Stg.	grüner Spargel
160 g	Brokkoli
8	Radieschen
4 Stg.	Jungzwiebeln
100 g	Topfen
1 EL	Apfelessig
2 EL	Sonnenblumenkerne
1 Tasse	Gartenkresse
	Salz

Für den Palatschinkenteig Buchweizenmehl, Ei und Milch mit 1 Messerspitze Salz gut verrühren. (Bei Bedarf fettreduzierte Milchprodukte verwenden.)

Den Spargel und den Brokkoli 3 Minuten in gesalzenem Wasser kochen und danach kalt abschrecken. Die Radieschen in Spalten, die Jungzwiebeln in Ringe schneiden. Den Topfen mit 1 EL Apfelessig und Salz abschmecken.

In einer beschichteten Pfanne etwas Sonnenblumenöl erhitzen und darin dünne Palatschinken backen. Die Palatschinken mit dem Topfen bestreichen und mit dem Gemüse, den Sonnenblumenkernen und der Gartenkresse füllen. Palatschinke einrollen oder zusammenschlagen und heiß servieren.

Vitamine/sek. Pflanzenstoffe	↑↑↑
Ballaststoffe	↑↑↑
a-Linolen-/Ω-3-Fettsäuren	↑
Cholesterin/ges. Fettsäuren	↓↓
glykämische Last	↓↓↓

HAUPTSPEISEN MIT FLEISCH ODER FISCH

Für eine rasche Energiebereitstellung für Gehirn und Muskeln ist eine ausreichende tägliche Kohlenhydratzufuhr notwendig. Zur Vermeidung eines zu hohen Anstiegs des Blutzuckerspiegels ist es wichtig, auf die Art und Qualität der verzehrten Kohlenhydrate zu achten. In unseren Gerichten werden ausschließlich Vollkorngetreidesorten verwendet, die in Kombination mit Gemüse und Eiweiß aus Fleisch und Fisch eine niedrige glykämische Last bewirken.

Fleischgerichte

Hühnereintopf mit Wirsing, Paradeisern, Erdäpfeln und Knoblauch 128
Schweinekarree mit Rüben, Walnüssen und Erdäpfeln 130
Kalbssteak mit Buchweizen, Marillen und Paradeisern 132
Schweinefilet mit Karotten, Brokkoli, Hanfsamen und Reis aus dem Burgenland 134
Gegrilltes Beiried mit Ziegenkäse, Heidelbeeren und Ofenerdäpfeln 136

Fischgerichte

Gebratener Saibling mit grünem Spargel, Minze und Erdäpfelpüree 138
Forelle mit Dinkelflocken-Kräuter-Kruste, geschmorten Paradeisern und Basilikum 140
Zander mit Emmergrieß, Eierschwammerln und Walnüssen 142
Wels mit Linsen, Karotten, Birnen und Schnittlauch 144

HÜHNEREINTOPF

mit Wirsing, Paradeisern, Erdäpfeln und Knoblauch

Super-Plus: Rundumschutz für die Sehkraft

Wirkung: Die Zellen der Netzhaut des Auges werden durch die Carotinoide Lutein und Zeaxanthin geschützt – die wichtigsten sekundären Pflanzenstoffe zur Vorbeugung gegen die altersbedingte Makuladegeneration! Kohlgemüse (Wirsing) und Spinat sind dafür gute Quellen. Sulfide aus Knoblauch und Zwiebeln verbessern zusätzlich die Blutgerinnung. Beta-Carotin, als Vorstufe von Vitamin A in Karotten und Paradeisern reichlich vorhanden, verbessert das Nachtsehen.

4 Portionen

3	Hühnerkeulen
100 g	Wirsing
20 g	Blattspinat
1 Bd.	Petersilie
500 ml	Hühnersuppe
4	Fleischparadeiser
4	kleine Erdäpfel
3	Knoblauchzehen
4	kleine Zwiebeln
4	Karotten
3 EL	Rapsöl
½ TL	gemahlener Kümmel
1 TL	getrockneter Liebstöckel
	Salz

Die Hühnerkeulen in Salzwasser ca. 30 Minuten köcheln lassen, Haut abziehen, das Fleisch von den Keulen zupfen und zur Seite stellen.

Die Paradeiser vierteln, das Kerngehäuse entfernen und das Paradeiserfleisch in Würfel schneiden. Die Petersilie grob hacken, den Wirsing in kleine Stücke schneiden.

Die Zwiebeln, Erdäpfel, Karotten und Knoblauchzehen schälen und in kleine Würfel schneiden, in einem Topf 3 EL Rapsöl erhitzen und das Gemüse darin anbraten. Kümmel und Liebstöckel dazugeben und mit der Suppe aufgießen, bei schwacher Hitze köcheln lassen, bis die Erdäpfel weich sind. Kurz bevor die Suppe gegessen wird, die Paradeiser, Wirsing, Petersilie, Spinat und Hühnerfleisch dazugeben, einmal aufkochen lassen und mit Salz würzen.

Vitamine/sek. Pflanzenstoffe	↑↑↑
Ballaststoffe	↑↑
α-Linolen-/Ω-3-Fettsäuren	↑↑
Cholesterin/ges. Fettsäuren	↓↓
glykämische Last	↓↓

SCHWEINEKARREE

mit Rüben, Walnüssen und Erdäpfeln

Super-Plus: Unterstützung im täglichen Kampf gegen „freie Radikale“

Wirkung: Die antioxidative Wirkung von sekundären Pflanzenstoffen ist auf ihre Redox-Eigenschaften zurückzuführen, wodurch sie in der Lage sind, freie Radikale (Oxidantien) in unserem Körper unschädlich zu machen. Zahlreiche Untersuchungen belegen, dass antioxidative Nährstoffe eine vorbeugende Wirkung gegen viele Krankheiten haben, z. B. gegen Krebs und Herz-Kreislauf-Erkrankungen. Wurzelgemüse, frische Kräuter, Zwiebeln und Walnüsse sind reich an Antioxidantien, den Freie-Radikale-Fängern.

4 Portionen

4	Schweinekarree (à 150 g)
3	Erdäpfel
2	rote Zwiebeln
2	Karotten
2	Gelbe Rüben
2	Pastinaken
2	Petersilienwurzeln
6 Zw.	Thymian
6 Zw.	Rosmarin
2 EL	Leinsamenöl
3 EL	Apfelessig
2 EL	gehackte Walnüsse
	Salz

Karotten, Rüben, Pastinaken und Petersilienwurzeln schälen und der Länge nach halbieren, die Erdäpfel schälen und der Länge nach vierteln, die Zwiebeln schälen und in große Spalten schneiden. Das Gemüse mit 3 EL Apfelessig, 2 EL Leinsamenöl, Thymian und Rosmarin vermischen und mit Salz abschmecken. Auf einem Backblech verteilen und im Backrohr bei 160 °C ca. 40 Minuten lang braten.

Zehn Minuten, bevor das Gemüse fertig ist, eine schwere Pfanne erhitzen, das Schweinefleisch salzen und von jeder Seite scharf anbraten, auf das Gemüse legen und 5 Minuten im Backrohr fertig garen.

Gemüse und das Schweinekarree anrichten und mit den Walnüssen bestreuen.

Vitamine/sek. Pflanzenstoffe	↑↑↑		
Ballaststoffe	↑↑↑	*Cholesterin/ges. Fettsäuren*	↓
a-Linolen-/Ω-3-Fettsäuren	↑↑	*glykämische Last*	↓↓

KALBSSTEAK

mit Buchweizen, Marillen und Paradeisern

Super-Plus: Schutz für die Zellen

Wirkung: Neben Vitamin C und E wirken besonders die sekundären Pflanzenstoffe, die Carotinoide, die Flavonoide und die Sulfide, als Freie-Radikale-Fänger (Antioxidantien). Sie schützen die Körperzellen vor zerstörerischen Prozessen, welche die Erbinformationen im Zellkern verändern und die Immunfunktionen schwächen können. Da diese Prozesse ständig in unserem Körper ablaufen, ist ein Dagegenhalten durch eine tägliche obst- und gemüsereiche Ernährung wichtig.

4 Portionen

4	Kalbssteaks (à 130 g)
120 g	Buchweizen
2	Marillen
10	Kirschparadeiser
2 Stg.	Jungzwiebeln
100 g	Rucola
2 EL	Leinsamenöl
1 EL	Apfelessig
1 EL	Sonnenblumenöl
	Salz

Den Buchweizen mit 1 EL Sonnenblumenöl anbraten, bis der Weizen leicht aufspringt, die Jungzwiebeln in feine Ringe schneiden, die Kirschparadeiser halbieren, die Marillen halbieren und entkernen, das Marillenfleisch in dünne Spalten schneiden.

Die Kalbssteaks salzen und in einer gusseisernen Pfanne von beiden Seiten ca. 2 Minuten anbraten.

Den Rucola mit den geschnittenen Zutaten vermischen und mit Apfelessig, Leinsamenöl und Salz abschmecken.

Die Kalbssteaks auf einen Teller legen, mit dem Salat garnieren und mit Buchweizen bestreuen.

Vitamine/sek. Pflanzenstoffe	↑↑↑
Ballaststoffe	↑↑
a-Linolen-/Ω-3-Fettsäuren	↑↑
Cholesterin/ges. Fettsäuren	↓↓
glykämische Last	↓↓

SCHWEINEFILET

mit Karotten, Brokkoli, Hanfsamen und Reis aus dem Burgenland

Super-Plus: Verwertbarkeit der fettlöslichen Carotinoide

Wirkung: Die Menge der im Körper verwertbaren Carotinoide hängt davon ab, wie viel aus Obst und Gemüse im Zuge der Verdauung freigesetzt wird und ob in der Mahlzeit gleichzeitig Fette enthalten sind. Je stärker die Zellwände durch Kauen, Kleinschneiden, Pürieren, Erhitzen aufgebrochen werden, desto größer ist die aufgenommene Menge. So erklärt sich, dass z. B. Beta-Carotin aus zerkleinerten und in Öl erhitzten Karotten deutlich besser aufgenommen wird als aus der rohen Wurzel oder einem Saft.

4 Portionen

400 g	Schweinefilet
4 Zw.	Thymian
8	junge Karotten
160 g	Naturreis
200 g	Brokkoli
20 g	Hanfsamen
1 Tasse	Gartenkresse
1 EL	Apfelessig
2 EL	Leinsamenöl
2 EL	Sonnenblumenöl
	Salz

Das Schweinefilet von allen Seiten salzen und in 2 EL Sonnenblumenöl von allen Seiten scharf anbraten, im Backrohr bei 140 °C ca. 10 Minuten fertig garen.

Während das Schweinefilet im Rohr ist, den Reis in reichlich gesalzenem Wasser ca. 10 Minuten weich kochen.

Die Karotten schälen und in gesalzenem Wasser weich kochen, kurz bevor sie durch sind, den Brokkoli dazugeben, beides aus dem Wasser nehmen, abtropfen lassen und mit Leinsamenöl und Apfelessig vermischen.

Das Schweinefilet in dünne Scheiben schneiden und zusammen mit dem Gemüse und den Hanfsamen auf dem Reis anrichten, mit frischer Gartenkresse garnieren.

Vitamine / sek. Pflanzenstoffe	↑↑↑
Ballaststoffe	↑↑↑
a-Linolen- / Ω-3-Fettsäuren	↑↑
Cholesterin / ges. Fettsäuren	↓↓↓
glykämische Last	↓↓↓

GEGRILLTES BEIRIED

mit Ziegenkäse, Heidelbeeren und Ofenerdäpfeln

Super-Plus: Der niedrige Fettgehalt im Fleisch hilft, die täglich empfohlene Fettgesamtzufuhr nicht zu überschreiten.

Wirkung: Das Beiried mit einem maximalen Fettgehalt von 5 % und einem 20%igen Eiweißgehalt zählt zu den empfohlenen Fleischstücken in einer fettreduzierten Ernährung. Die fettarme Zubereitung, ergänzt mit gesundheitsfördernden Nährstoffen aus Heidelbeeren und Walnüssen, macht dieses Gericht zu einem Genusserlebnis ohne Reue.

4 Portionen

4	Beiried-/Roastbeefstücke (à 130 g)
20 g	gehackte Walnüsse
1 Bd.	Minze
1 Bd.	Basilikum
1 EL	Leinsamenöl
1 EL	Aroniasaft
20	Heidelbeeren
100 g	fettreduzierter Ziegenkäse
4	Erdäpfel
1 EL	Sonnenblumenöl
1 TL	getrockneter Thymian
1 TL	getrockneter Rosmarin
	Salz

Die Heidelbeeren halbieren, den Ziegenkäse in grobe Stücke brechen, die Hälfte der Minze und das Basilikum fein hacken und mit 1 EL Leinsamenöl und Aroniasaft vermischen sowie mit Salz abschmecken.

Die Erdäpfel der Länge nach vierteln, mit Sonnenblumenöl, Thymian, Rosmarin und Salz vermischen, auf einem Backblech verteilen und bei 160 °C ca. 30 Minuten braten.

Das Beiried salzen und in einer Grillpfanne von beiden Seiten ca. 2 Minuten anbraten.

Das Fleisch in fingerdicke Stücke schneiden und zusammen mit den Erdäpfeln auf einem Teller verteilen, Ziegenkäse darüberbröseln, darauf die gehackten Kräuter, Heidelbeeren und Walnüsse verteilen und mit frischem Basilikum und Minze garnieren.

Vitamine/sek. Pflanzenstoffe	↑↑↑
Ballaststoffe	↑↑
a-Linolen-/Ω-3-Fettsäuren	↑
Cholesterin/ges. Fettsäuren	↓↓
glykämische Last	↓↓↓

GEBRATENER SAIBLING

mit grünem Spargel, Minze und Erdäpfelpüree

Super-Plus: Omega-3-Fettsäuren von Beginn an

Wirkung: Die Omega-3-Fettsäure DHA ist ein wichtiges Strukturfett des menschlichen Gehirns und der Netzhaut. Schon während der Schwangerschaft beginnt der Einbau dieser Fettsäure in die Zellen, der sich bis zum Ende des Kleinkindalters fortsetzt. Dieses Rezept ist besonders bekömmlich und leicht verträglich während der Schwangerschaft (siehe Seite 158).

4 Portionen

4	Saiblingfilets mit Haut und ohne Gräten (à 150 g)
16 Stg.	grüner Spargel
4 Zw.	Minze
1 Tasse	Gartenkresse
150 ml	fettarme Milch
500 g	Erdäpfel
5 EL	Leinsamenöl
4 EL	Sonnenblumenöl
2 EL	Apfelessig
	Salz

Die Erdäpfel schälen und in kleine Stücke schneiden, in gesalzenem Wasser weich kochen, währenddessen in einem zweiten Topf die Milch und das Leinsamenöl erhitzen. Die weichen Erdäpfel mit einer Erdäpfelpresse in die warme Milch pressen, dabei öfter mit einem Schneebesen umrühren, mit Salz abschmecken.

Die Saiblingfilets abwaschen und trocken tupfen, in einer Pfanne 2 EL Sonnenblumenöl erhitzen, die Saiblingfilets mit Salz würzen und mit der Hautseite nach unten in die Pfanne legen. Bei mittlerer Hitze ca. 3 Minuten braten, auf die Fleischseite drehen und ca. 1 Minute weiterbraten lassen. Während der Fisch brät, in einer zweiten Pfanne das restliche Sonnenblumenöl erhitzen, den Spargel darin ca. 8 Minuten von allen Seiten braten, bis er weich ist, mit Salz und Apfelessig würzen.

Das Erdäpfelpüree auf vier Teller aufteilen, den Fisch und den Spargel darauflegen und mit frischem Basilikum garnieren.

Vitamine / sek. Pflanzenstoffe	↑↑↑
Ballaststoffe	↑↑
a-Linolen-/Ω-3-Fettsäuren	↑↑↑
Cholesterin / ges. Fettsäuren	↓↓↓
glykämische Last	↓↓

FORELLE

mit Dinkelflocken-Kräuter-Kruste, geschmorten Paradeisern und Basilikum

Super-Plus: gut für Herz und Gefäße

Wirkung: Vielfach ist – neben der positiven Wirkung auf die Blutgerinnung – die regulative Wirkung von Omega-3-Fettsäuren auf Blutdruck und Blutfette belegt. Durch die Kombination mit den cholesterinsenkenden Dinkelflocken eignet sich dieses Rezept besonders zur Vorbeugung gegen und zur begleitenden Behandlung von Herz- und Kreislauferkrankungen. Die frischen, ungeschälten Paradeiser behalten im Gegensatz zu geschälten den vollen Gehalt der gesundheitsfördernden Flavonoide, die sich vorwiegend in den Randschichten (Haut, Schale) von Obst und Gemüse befinden.

4 Portionen

4	Forellenfilets ohne Gräten (à 150 g)
50 g	Dinkelflocken
20 g	gehackte Petersilie
20 g	geschnittener Schnittlauch
20 g	gehackte Dille
1	Ei
20	Kirschparadeiser
2 EL	Apfelessig
4 Zw.	Rosmarin
2 EL	Leinsamenöl
1 EL	Walnussöl
4 Zw.	rotes Basilikum
8 Zw.	Baby-Basilikum
	Salz

Die Forellenfilets auf ein Backblech legen und salzen, das Backrohr auf 170 °C vorheizen. Die Dinkelflocken mit Petersilie, Schnittlauch, Dille und dem Ei verrühren, mit Salz abschmecken und auf die Fischfilets verteilen. Den Fisch im Backrohr ca. 10 Minuten backen.

Die Paradeiser halbieren und in der Pfanne mit 2 EL Leinsamenöl und dem Rosmarin anbraten, mit dem Essig ablöschen und mit Salz würzen.

Die Fischfilets zusammen mit den Paradeisern auf einem Teller anrichten, mit dem Basilikum garnieren und mit 1 EL Walnussöl beträufeln.

Vitamine/sek. Pflanzenstoffe	↑↑↑
Ballaststoffe	↑↑
α-Linolen-/Ω-3-Fettsäuren	↑↑↑

Cholesterin/ges. Fettsäuren	↓↓↓
glykämische Last	↓↓

ZANDER

mit Emmergrieß, Eierschwammerln und Walnüssen

Super-Plus: von Natur aus frei von Transfettsäuren

Wirkung: Transfettsäuren in Fertigprodukten, in Streichfetten sowie in manchen Back- und Süßwaren erhöhen die Blutfettwerte und folglich das Risiko für die Entstehung von Herzgefäßerkrankungen. Eine Ernährung mit natürlichen, frisch gekochten Lebensmitteln wie in unseren Rezepten ist frei von Transfettsäuren. Emmer ist eine alte Getreidesorte und kein Reis, so wie man ihn kennt. Er ist neunmal ballaststoffhaltiger als Weißbrot.

4 Portionen

4	Zanderfilets mit Haut und ohne Gräten (à 150 g)
160 g	Emmergrieß
500 ml	Gemüsesuppe
2 EL	Leinsamenöl
400 g	Eierschwammerln
10 g	Schnittlauch
100 g	Brunnenkresse
1 EL	geschrotete Leinsamen
3 EL	Sonnenblumenöl
	Salz

Die Eierschwammerln in grobe Stücke zupfen, kurz abwaschen und trocken tupfen, den Schnittlauch in feine Ringe schneiden.

Die Gemüsesuppe und das Leinsamenöl aufkochen lassen, den Emmergrieß unter ständigem Rühren langsam unterrühren, auf kleiner Stufe ca. 15 Minuten köcheln lassen und mit Salz würzen.

Die Zanderfilets trocken tupfen und mit Salz würzen, in einer Pfanne mit 2 EL Sonnenblumenöl auf der Hautseite ca. 5 Minuten anbraten, auf die Fleischseite drehen und 1 Minute weiterbraten.

Während der Fisch brät, für die Eierschwammerln eine Pfanne erhitzen, diese in 1 EL Sonnenblumenöl anbraten, mit Salz würzen und, kurz bevor sie fertig sind, den Schnittlauch dazugeben.

Den Emmergrieß auf vier Teller aufteilen, den Zander und die Eierschwammerln darauf anrichten und mit frischer Brunnenkresse und Leinsamen garnieren.

Vitamine / sek. Pflanzenstoffe	↑↑↑
Ballaststoffe	↑↑↑
a-Linolen- / Ω-3-Fettsäuren	↑↑↑
Cholesterin / ges. Fettsäuren	↓↓↓
glykämische Last	↓↓

WELS

mit Linsen, Karotten, Birnen und Schnittlauch

Super-Plus: gut für das Herz und die Gefäße

Wirkung: Ein Gericht mit Omega-3-Fettsäuren aus Fisch und Leinsamenöl, kombiniert mit Linsen und Gemüse, hat eine positive Wirkung sowohl auf Blutfettwerte und Blutzucker als auch auf die Energiezufuhr. Ein das Herz (be)schützendes Gericht!

4 Portionen

4	Welsfilets ohne Haut und Gräten (à 150 g)
160 g	Linsen
2	Karotten
1	Birne
1 Bd.	Schnittlauch
2 EL	gereifter Apfelessig
2	Schalotten
2 EL	Leinsamenöl
2 EL	Sonnenblumenöl
50 g	Vogerlsalat
	Salz

Die Linsen in reichlich Wasser weich kochen, die Schalotten in kleine Würfel schneiden, den Schnittlauch in feine Ringe schneiden, Karotten und Birne fein raspeln.

Die Schalotten in 2 EL Leinsamenöl anbraten, die Linsen, Karotten und Birnen dazugeben, mit Salz und Apfelessig abschmecken und ganz am Schluss den Schnittlauch dazugeben.

Die Welsfilets mit Salz würzen und in einer Pfanne mit 2 EL Sonnenblumenöl von beiden Seiten ca. 2 Minuten anbraten.

Die Linsen anrichten, darauf den Fisch legen und mit Vogerlsalat sowie evtl. feinen Birnenscheiben garnieren.

Vitamine/sek. Pflanzenstoffe	↑↑↑
Ballaststoffe	↑↑↑
a-Linolen-/Ω-3-Fettsäuren	↑↑↑
Cholesterin/ges. Fettsäuren	↓↓↓
glykämische Last	↓↓

HAUPTSPEISEN MIT FLEISCH ODER FISCH

LOW carb

Dem häufigen Zuviel an Kohlenhydraten in der täglichen Ernährung, etwa verursacht durch zusätzlichen Verzehr von Süßspeisen und Snacks, kann man durch Hauptspeisen mit reduzierter Kohlenhydratmenge entgegenwirken. Der Verzicht auf die Beilage bedeutet hier keinen Genussverzicht.

Fleischgerichte LOWcarb

Hühnerbrust mit grünem Gemüse 148

Lammkoteletts mit Kürbis, Eierschwammerln und Stachelbeeren 150

Entenbrust mit Spitzkraut, Sonnenblumenkernen und Champignons 152

Rinderhüftsteaks mit Fenchel, Marille und Rucola 154

Rehkeule mit Maroni, Brombeeren und Brunnenkresse 156

Fischgerichte LOWcarb

Fischeintopf mit Paradeisern, Hanfsamen und Petersilie 158

Gedämpfter Saibling mit Wirsingchips und Apfelsalat 160

Karpfen aus dem Ofen mit Kürbis, Dille und Walnüssen 162

Forellen-Kräuter-Rollen mit Spitzkraut und Weintrauben 164

Felchenfilets mit Kohlrabi, Hanfsamen, Radieschen und Joghurt 166

HÜHNERBRUST

mit grünem Gemüse

Super-Plus: Muskelabbau vermeiden

Wirkung: Alters- oder krankheitsbedingter Abbau von Muskelmasse hat viele negative gesundheitliche Konsequenzen wie Verlust an Kraft, Vitalität und Appetit. Die Kombination aus tierischen (Huhn, Ziegenkäse) und pflanzlichen Eiweißquellen (Sojabohne) ermöglicht eine optimale Versorgung mit allen essentiellen Eiweißen auch bei eingeschränktem Appetit.

4 Portionen

4	Hühnerbruststücke (à 150 g)
12 Stg.	grüner Spargel
200 g	junger Brokkoli
50 g	gewürfelter Kohlrabi
25 g	Erbsen
25 g	grüne Sojabohnen
1 Bd.	Schnittlauch
100 g	Ziegenkäse
3 EL	Leinsamenöl
1 EL	Rapsöl
1 EL	Apfelessig
	Salz

Einen großen Topf mit Wasser und 1 TL Salz zum Kochen bringen. Den Spargel in kleine Stücke schneiden und zusammen mit dem restlichen Gemüse 3 Minuten lang kochen, danach sofort kalt abschrecken. Den Schnittlauch in feine Ringe schneiden.

Die Hühnerbrüste salzen und in der Pfanne mit 1 EL Rapsöl von allen Seiten anbraten, im vorgeheizten Backrohr bei 160 °C 10 Minuten fertig braten.

In einer zweiten Pfanne 2 EL Leinsamenöl leicht erhitzen, das Gemüse, Apfelessig und Schnittlauch dazugeben. Wenn das Gemüse warm ist, mit Salz würzen.

Das Gemüse auf vier Teller aufteilen, die Hühnerbrüste in große Stücke schneiden, den Ziegenkäse in grobe Stücke brechen, beides auf das Gemüse legen und mit 1 EL Leinsamenöl beträufeln.

Vitamine/sek. Pflanzenstoffe	↑↑↑
Ballaststoffe	↑↑↑
α-Linolen-/Ω-3-Fettsäuren	↑↑
Cholesterin/ges. Fettsäuren	↓↓
glykämische Last	↓↓↓

LOW
carb

LAMMKOTELETTS

mit Kürbis, Eierschwammerln und Stachelbeeren

Super-Plus: Beta-Carotin als Vorstufe für Vitamin A

Wirkung: Beta-Carotin kann im Körper zum „Augenvitamin", dem Vitamin A (Retinol), umgewandelt werden. Allerdings erfolgt diese Umwandlung nicht im Verhältnis 1:1. Ein Vielfaches an Beta-Carotin muss aufgenommen werden, um einen Teil an Vitamin A zu erhalten. Die direkte Quelle von Vitamin A sind tierische Lebensmittel. Eine Kombination beider Quellen wie in diesem Rezept sorgt für eine verlässliche Bedarfsdeckung.

4 Portionen

300 g	Lammrücken
300 g	Hokkaidokürbis
4 EL	Rapsöl
1 EL	Apfelessig
200 g	Eierschwammerln
1 Bd.	Petersilie
4 Zw.	Thymian
4 Zw.	Rosmarin
2	Schalotten
10	Stachelbeeren
50 g	Joghurt (1 % Fett)
1 Bd.	Minze
	Salz

Den Hokkaidokürbis halbieren und entkernen, das Kürbisfleisch in grobe Stücke schneiden. Die Eierschwammerln kurz waschen und trocken tupfen, die Petersilie grob hacken, die Schalotten in feine Würfel schneiden.

Den Hokkaidokürbis in 3 EL Rapsöl mit Thymian und Rosmarin anbraten. Wenn der Kürbis fast weich ist, die Eierschwammerln und Schalotten dazugeben, kurz weiterbraten. Die Petersilie dazugeben und das Gemüse mit Salz und Apfelessig abschmecken.

Den Lammrücken salzen, mit 1 EL Rapsöl von allen Seiten scharf anbraten und im Backrohr bei 140 °C ca. 8 Minuten fertig garen.

Den Lammrücken in fingerdicke Scheiben schneiden und zusammen mit dem Kürbis-Eierschwammerl-Gemüse anrichten, mit dem Joghurt beträufeln und mit frischer Minze und Stachelbeeren garnieren.

Vitamine / sek. Pflanzenstoffe	↑↑↑		
Ballaststoffe	↑↑	*Cholesterin / ges. Fettsäuren*	↓↓
a-Linolen- / Ω-3-Fettsäuren	↑↑	*glykämische Last*	↓↓↓

LOW
carb

ENTENBRUST

mit Spitzkraut, Sonnenblumenkernen und Champignons

Super-Plus: Die Wirkung von Knoblauch ist schon seit dem Jahr 1858 bekannt.

Wirkung: Die sekundären Pflanzenstoffe – Sulfide in Zwiebeln, Knoblauch und Schnittlauch – hemmen über mehrere Mechanismen die Entstehung von Herz-Kreislauf-Erkrankungen. Sie verbessern Blutgerinnung und Blutfettwerte und wirken antioxidativ. Weitere sekundäre Pflanzenstoffe, die Anthozyane aus dem Aroniasaft, und die Omega-3-Fettsäuren aus dem Leinsamenöl haben eine ähnliche Wirkung.

4 Portionen

2	Entenbrüste (à 200 g)
½	Spitzkraut
15 g	Sonnenblumenkerne
5 EL	Apfel-Aroniasaft
1	Schalotte
2	Knoblauchzehen
100 g	braune Champignons
1 Bd.	Schnittlauch
2 EL	Rapsöl
2 EL	Leinsamenöl
	Salz

Die Fettseite der Entenbrüste rautenförmig mehrmals einschneiden, das Backrohr auf 150 °C vorheizen.

Eine Pfanne erhitzen, die Entenbrüste mit der Fettseite nach unten in die Pfanne legen und bei mittlerer Hitze ca. 5 Minuten knusprig braten, danach die Entenbrüste in das Backrohr legen und 8 Minuten braten, aus dem Rohr nehmen und 5 Minuten rasten lassen.

Während die Entenbrüste im Backrohr sind, das Kraut zubereiten. Dafür das junge Kraut in kleine Stücke, die Schalotte und den Knoblauch in Würfel, den Schnittlauch in Ringe schneiden. In einer Pfanne 2 EL Rapsöl erhitzen und darin die Schalottenwürfel, Knoblauch und das Kraut anbraten, mit dem Apfel-Aroniasaft ablöschen, leicht einkochen lassen. Danach die Sonnenblumenkerne und den Schnittlauch dazugeben und mit Salz abschmecken.

Das Kraut flach auf einem Teller verteilen, die Entenbrüste in dicke Scheiben schneiden und darauf anrichten, die Champignons roh darüberhobeln, mit Leinsamenöl beträufeln und mit etwas Salz würzen.

Vitamine / sek. Pflanzenstoffe	↑↑↑
Ballaststoffe	↑↑
a-Linolen-/Ω-3-Fettsäuren	↑↑
Cholesterin / ges. Fettsäuren	↓
glykämische Last	↓↓↓

LOW
carb

RINDERHÜFTSTEAKS

mit Fenchel, Marille und Rucola

Super-Plus: Antioxidantien in rohem Fenchel

Wirkung: Der typische Geschmack des Fenchels entsteht durch den hohen Gehalt an ätherischen Ölen. Die entblähende Wirkung ist aber vor allem den als Tee zubereiteten Fenchelsamen zuzuschreiben. Fenchel ist eine sehr kalorienarme, leicht verträgliche Gemüsesorte und roh konsumiert eine gute Quelle für Vitamine C und Folsäure sowie für Mineralien wie Eisen, Kalzium, Magnesium und Kalium. Kombiniert mit den fettarmen Rindersteaks eignet sich dieses Gericht zur Gewichtsreduktion und -erhaltung.

4 Portionen

4	Rinderhüftsteaks (à 130 g)
1	Fenchelknolle
4	Marillen
20 g	Rucola
1 EL	Apfelessig
3 EL	Fenchelöl
20 g	Hanfsamen
	Salz

Den Fenchel in dünne Scheiben hobeln, die Marillen halbieren, entkernen und in dünne Spalten schneiden. Marillen und Fenchel mit Fenchelöl, Apfelessig und Hanfsamen vermischen, den Salat mit Salz gut abschmecken.

Die Rindersteaks mit Salz gut würzen, eine gusseiserne Pfanne erhitzen und die Steaks darin von beiden Seiten 2 Minuten anbraten, kurz rasten lassen.

Den Rucola unter den Fenchel-Marillen-Salat mischen und zusammen mit den Steaks anrichten.

Vitamine / sek. Pflanzenstoffe	↑↑↑
Ballaststoffe	↑↑
α-Linolen-/Ω-3-Fettsäuren	↑↑
Cholesterin / ges. Fettsäuren	↓↓
glykämische Last	↓↓↓

LOW carb

REHKEULE

mit Maroni, Brombeeren und Brunnenkresse

Super-Plus: Obst und Gemüse in einem Gericht – hohe Nährstoffdichte

Wirkung: In der österreichischen Küche ist es eher unüblich, Beeren pikanten Gerichten beizufügen. Abgesehen vom außergewöhnlichen Geschmackserlebnis ist dieses Gericht durch die Brombeeren, das Rotkraut und den Apfel-Aroniasaft reich an Flavonoiden. Diese schützen die Zellen vor freien Radikalen, verbessern die Abwehrkräfte und wirken sich positiv auf Blutzucker- und Blutdruckregulation aus.

4 Portionen

400 g	geputztes Rehkeulenfleisch
300 g	Rotkraut
50 g	geschälte u. gegarte Maroni
100 ml	Apfel-Aroniasaft
1	Zwiebel
1 TL	getrockneter Thymian
50 g	Brombeeren
1 Tasse	Gartenkresse
2 EL	Rapsöl
2 EL	Walnussöl
1 EL	Apfelessig
	Salz

Das Rotkraut in feine Streifen schneiden, mit einem ½ TL Salz verkneten, 20 Minuten ziehen lassen. Die Zwiebel schälen, in kleine Würfel schneiden und in 1 EL Rapsöl anbraten, das Rotkraut und Thymian dazugeben und kurz weiterbraten. Mit Apfelessig und Apfel-Aroniasaft ablöschen und zugedeckt 30 Minuten bei schwacher Hitze köcheln lassen, mit Salz abschmecken.

Während das Rotkraut kocht, die Rehkeule zubereiten. Dafür die Rehkeule salzen und in einer Pfanne von allen Seiten scharf anbraten, in vorgeheiztem Backrohr bei 120 °C 15 Minuten fertig garen, aus dem Backrohr nehmen und kurz rasten lassen.

Die Maroni in kleine Stücke brechen, die Brombeeren halbieren.

Das Rotkraut auf einem Teller anrichten, das Reh darauflegen und mit Brombeeren, Maroni und Gartenkresse garnieren sowie mit Walnussöl beträufeln.

Vitamine / sek. Pflanzenstoffe	↑↑↑
Ballaststoffe	↑↑
α-Linolen- / Ω-3-Fettsäuren	↑↑
Cholesterin / ges. Fettsäuren	↓↓
glykämische Last	↓↓↓

LOW
carb

FISCHEINTOPF

mit Paradeisern, Hanfsamen und Petersilie

Super-Plus: Gehirnnahrung von Anfang an

Wirkung: Omega-3-Fettsäuren sind besonders wichtig für die frühkindliche Gehirnentwicklung, weshalb eine gute Versorgung der Mutter während der Schwangerschaft und Stillzeit entscheidend ist. Über 30 % der Strukturfette im Gehirn bestehen aus der Omega-3-Fettsäure Docosahexaensäure (DHA). Neben ihrer Bedeutung als struktureller Baustein des Gehirns soll DHA relevant für geistige Leistungsfähigkeit sein; ein Defizit wird mit Aufmerksamkeitsstörungen, Rechtschreibschwäche und Demenz in Verbindung gebracht.

4 Portionen

500 g	Fischfilets ohne Haut (z. B. Forelle, Zander, Saibling, Wels)
10	Kirschparadeiser
1 TL	Paprikapulver
20 g	Petersilie
30 g	geschälte Hanfsamen
150 g	Wurzelgemüse
500 ml	Fisch- oder Geflügelfond
3 EL	Rapsöl
1 EL	Apfelessig
	Salz

Das Wurzelgemüse schälen und in Würfel schneiden, die Kirschparadeiser halbieren, die Petersilie grob hacken, die Fischfilets in grobe Stücke schneiden.

Das Rapsöl in einem breiten Topf erhitzen, darin das Wurzelgemüse anbraten, Paprikapulver dazugeben und mit dem Apfelessig ablöschen. Mit dem Fischfond aufgießen.

Die Suppe ca. 15 Minuten köcheln lassen, bis das Gemüse weich ist, danach den Fisch und die Paradeiser dazugeben. Topf vom Herd nehmen und ca. 5 Minuten ziehen lassen, die Petersilie und die Hanfsamen unter die Suppe rühren und mit Salz abschmecken. Nach Belieben garnieren.

Vitamine / sek. Pflanzenstoffe	↑↑↑
Ballaststoffe	↑↑
α-Linolen- / Ω-3-Fettsäuren	↑↑↑
Cholesterin / ges. Fettsäuren	↓↓↓
glykämische Last	↓↓↓

LOW
carb

GEDÄMPFTER SAIBLING

mit Wirsingchips und Apfelsalat

Super-Plus: hilfreich bei entzündlichen Erkrankungen

Wirkung: Eine antientzündliche Mahlzeit pro Tag kann die Entzündungsaktivität im Körper mindern. Wichtig ist dies bei chronischen Entzündungsprozessen wie jenen der Gelenke bei Arthritis, der Haut bei z. B. Neurodermitis oder Schuppenflechte, des Darms bei Morbus Crohn und Colitis ulcerosa, der Gefäße bei Atherosklerose, des Gehirns bei Alzheimer, der Lunge bei COPD, Asthma bronchiale und des Zahnfleischs bei Parodontitis. Ein Plus in diesem Rezept: Die Verwendung des ungeschälten Apfels gewährleistet einen hohen Gehalt an den gesundheitsfördernden Flavonoiden, die sich vorwiegend in den Randschichten (Haut, Schale) von Obst und Gemüse befinden und beim Schälen verloren gehen würden.

4 Portionen

4	Saiblingfilets ohne Haut und Gräten (à 150 g)
1 EL	getrockneter Thymian
3 Bl.	Wirsing
2 EL	Kürbiskernöl
1	ungeschälter Apfel (Golden Delicious)
1 EL	Sonnenblumenkerne
1 Tasse	Gartenkresse
2 EL	Apfelessig
2 EL	Leinsamenöl
	Salz

Die Wirsingblätter in grobe Stücke zupfen, mit Salz und Kürbiskernöl vermischen und auf ein Backblech legen, im Backrohr bei 160 °C ca. 5 Minuten backen, bis die Blätter knusprig sind.

Die Saiblingfilets mit Salz und Thymian würzen, in einen Dampfeinsatz legen und über kochendem Wasser ca. 5 Minuten dämpfen.

Den Apfel entkernen und in dünne Scheiben hobeln, mit Salz, Apfelessig und Leinsamenöl abschmecken.

Den Fisch auf einen Teller legen, mit dem Apfelsalat, Gartenkresse und Wirsingchips garnieren und mit Sonnenblumenkernen bestreuen.

Vitamine / sek. Pflanzenstoffe	↑↑↑
Ballaststoffe	↑
a-Linolen- / Ω-3-Fettsäuren	↑↑↑
Cholesterin / ges. Fettsäuren	↓↓↓
glykämische Last	↓↓↓

KARPFEN AUS DEM OFEN

mit Kürbis, Dille und Walnüssen

Super-Plus: Fette – weniger von dem einen, mehr von dem anderen

Wirkung: Der Ersatz von gesättigten Fettsäuren, wie sie z. B. in fettem Fleisch und Wurstwaren vorkommen, durch essentielle Fettsäuren aus pflanzlichen Ölen und Fisch senkt das Risiko für die Entstehung von Herz- und Gefäßkrankheiten. Fette aus Karpfen, Walnüssen und Leinsamenöl sind eine sehr gute Mischung. Dieses Gericht ist zusätzlich besonders bekömmlich bei empfindlichem Magen.

4 Portionen

4	Karpfenfilets ohne Haut und Gräten (à 150 g)
400 g	Muskatkürbis
10 g	gehackte Dille
2 EL	gehackte Walnusskerne
4 Zw.	Thymian
4 Zw.	Rosmarin
4 EL	Leinsamenöl
2 EL	Apfelessig
	Salz

Den Kürbis schälen und in kleine Würfel schneiden, mit dem Leinsamenöl und dem Apfelessig vermischen, flach auf einem Backblech verteilen und bei 160 °C ca. 20 Minuten lang im Backrohr braten. Den Fisch mit Salz würzen und auf den Kürbis legen, weitere 5 Minuten braten.

Kürbis und Fisch aus dem Backrohr nehmen, den Kürbis zerstampfen, die Dille und die Walnusskerne daruntermischen.

Den Fisch auf einen Teller legen, den Kürbis daneben anrichten und mit frischem Rosmarin und Thymian garnieren.

Vitamine/sek. Pflanzenstoffe	↑↑↑
Ballaststoffe	↑↑
a-Linolen-/Ω-3-Fettsäuren	↑↑↑
Cholesterin/ges. Fettsäuren	↓↓↓
glykämische Last	↓↓↓

LOW carb

FORELLEN-KRÄUTER-ROLLEN

mit Spitzkraut und Weintrauben

Super-Plus: hilfreich bei entzündlichen Erkrankungen

Wirkung: Antientzündliche und immunmodulierende Nährstoffe sind vor allem die Vitamine C, E, D, die Mineralien Zink und Selen sowie die sekundären Pflanzenstoffe, wie Poliphenole (Flavonoide) und Sulfide, und auch Omega-3-Fettsäuren. Im Zusammenspiel wirken diese Nährstoffe entzündungshemmend. Dieses Gericht darf zu den antientzündlichen Speisen gezählt werden.

4 Portionen

4	Forellenfilets ohne Haut und Gräten (à 150 g)
4 Zw.	Petersilie
4 Zw.	Dille
8 Stg.	Schnittlauch
4 Zw.	rotes Basilikum
½	junges Spitzkraut
4 EL	Leinsamenöl
50 ml	Apfel-Aroniasaft
2 EL	Apfelessig
10	rote Weintrauben
1 EL	geschrotete Leinsamen
10 Bl.	Petersilie
	Salz

Die Forellenfilets mit Salz würzen, die Kräuter auf die Fischfilets legen und einrollen, Fisch in einen Topf mit Dämpfeinsatz legen, zugedeckt ca. 6 Minuten dämpfen lassen.

Das Spitzkraut in feine Streifen hobeln, mit Apfelessig, Salz, Aroniasaft und Leinsamenöl abschmecken und 20 Minuten marinieren.

Die Weintrauben halbieren und mit den Leinsamen vermischen.

Das Kraut flach auf einem Teller verteilen, den Fisch und die Weintrauben darauf anrichten und mit Petersilienblättern garnieren.

Vitamine/sek. Pflanzenstoffe	↑↑↑
Ballaststoffe	↑↑↑
a-Linolen-/Ω-3-Fettsäuren	↑↑↑
Cholesterin/ges. Fettsäuren	↓↓↓
glykämische Last	↓↓↓

LOW
carb

FELCHENFILETS

mit Kohlrabi, Hanfsamen, Radieschen und Joghurt

Super-Plus: gut für Herz und Gefäße sowie gegen entzündliche Erkrankungen

Wirkung: Die sekundären Pflanzenstoffe, die Glucosinolate in Kohlrabi und Kresse, sind sowohl hinsichtlich ihrer krebsvorbeugenden als auch ihrer cholesterinsenkenden Wirkung hinreichend belegt. In Kombination mit den Omega-3-Fettsäuren aus Fisch und der Alpha-Linolensäure aus Hanfsamen und -öl ist dieses Gericht vielfältig gesundheitsfördernd.

4 Portionen

4	Felchenfilets mit Haut und ohne Gräten (à 150 g)
1	Kohlrabi
20 g	Hanfsamen
4 EL	Hanfsamenöl
4	Radieschen
150 ml	Joghurt
1 Tasse	Gartenkresse
2 EL	Apfelessig
2 EL	Sonnenblumenöl
	Salz

Den Kohlrabi schälen und zusammen mit den Radieschen in dünne Scheiben hobeln, mit Salz, Apfelessig und Hanfsamenöl abschmecken.

Die Hanfsamen in einer Pfanne goldgelb anrösten.

Die Felchenfilets abwaschen und trocken tupfen, in einer Pfanne mit 2 EL Sonnenblumenöl auf der Hautseite 3 Minuten bei mittlerer Hitze anbraten, auf die Fleischseite drehen und 1 Minute weiterbraten.

Das Joghurt auf vier Tellern verstreichen, die Fischfilets und den Kohlrabi-Radieschen-Salat darauf anrichten, mit den Hanfsamen bestreuen und mit frischer Gartenkresse garnieren.

Vitamine / sek. Pflanzenstoffe	↑↑↑
Ballaststoffe	↑↑
a-Linolen- / Ω-3-Fettsäuren	↑↑↑
Cholesterin / ges. Fettsäuren	↓↓↓
glykämische Last	↓↓↓

LOW
carb

Super-Plus-Wirkungsweise für besondere Ernährungsanforderungen

Alle Rezepte eignen sich hervorragend zur Gewichtsoptimierung (Gewichtserhalt und Gewichtsreduktion), darüber hinaus verteilt sich ihre Wirkungsweise wie folgt:

Ernährung für die Knochengesundheit

- ***Birchermüsli*** mit geriebener Birne, Walnüssen und Beeren
- ***Knuspermüsli*** mit Kürbiskernen und Heidelbeeren
- ***Joghurt*** mit Hanfsamen, Mohn, Heidelbeeren und Ribiseln
- ***Vollkornsandwich*** mit Roten Rüben und Ziegenfrischkäse
- ***Vollkornbrot*** mit Sprossen, Kapuzinerkresse und Hüttenkäse
- ***Blattsalate*** mit Brombeeren, Leinsamen und Hüttenkäse
- ***Wurzelgemüse-Fenchel-Salat*** mit warmem Topfen und Dille
- ***Fenchel-Birnen-Salat*** mit Walnüssen und Joghurt
- ***Vogerlsalat*** mit Maroni getrockneten Zwetschken und Ziegenkäse
- ***Buchweizen-Spargel-Salat*** mit Zitronenmelisse
- ***Vollkornnudeln*** mit Paradeisern, Rucola und Frischkäse
- ***Zerdrückte Linsen und Hokkaidokürbis*** mit Hanfsamen, Spinat und Joghurt
- ***Bohneneintopf*** mit Artischocken, Leinsamen, Buttermilch und Sprossen
- ***Buchweizenpalatschinken*** mit Frühlingsgemüse und Sonnenblumenkernen
- ***Gegrilltes Beiried*** mit Ziegenkäse, Heidelbeeren und Ofenerdäpfeln
- ***Hühnerbrust*** mit grünem Gemüse
- ***Lammkoteletts*** mit Kürbis, Eierschwammerln und Stachelbeeren
- ***Gebratener Saibling*** mit grünem Spargel, Minze und Erdäpfelpüree

Ernährung für die Darmgesundheit

- ***Birchermüsli*** mit geriebener Birne, Walnüssen und Beeren
- ***Knuspermüsli*** mit Kürbiskernen und Heidelbeeren
- ***Joghurt*** mit Hanfsamen, Mohn, Heidelbeeren und Ribiseln
- ***Roggenvollkornbrot*** mit geräuchertem Saibling und Jungzwiebeln
- ***Vollkornsandwich*** mit Roten Rüben und Ziegenfrischkäse
- ***Vollkornbrot*** mit Sprossen, Kapuzinerkresse und Hüttenkäse
- ***Käferbohnencremesuppe*** mit Sonnenblumenkernen und Gartenkresse
- ***Zucchini-Minze-Fisolen-Salat*** mit Sonnenblumenkernen und Putenbrust
- ***Schwarzwurzel-Vogerlsalat*** mit Walnüssen und Hirschrücken
- ***Hirse-Brokkoli-Erbsen-Salat***
- ***Buchweizen-Spargel-Salat*** mit Zitronenmelisse
- ***Perlgraupen-Süßkartoffel-Salat*** mit Rosinen
- ***Dinkel-Rhabarber-Salat*** mit Paradeisern
- ***Alle veganen Gerichte***
- ***Vollkornnudeln*** mit Paradeisern, Rucola und Frischkäse
- ***Zerdrückte Linsen und Hokkaidokürbis*** mit Hanfsamen, Spinat und Joghurt
- ***Bohneneintopf*** mit Artischocken, Leinsamen, Buttermilch und Sprossen
- ***Buchweizenpalatschinken*** mit Frühlingsgemüse und Sonnenblumenkernen
- ***Hühnereintopf*** mit Wirsing, Paradeisern, Erdäpfeln und Knoblauch
- ***Schweinekarree*** mit Rüben, Walnüssen und Erdäpfeln
- ***Schweinefilet*** mit Karotten, Brokkoli, Hanfsamen und Reis aus dem Burgenland
- ***Alle Low-Carb-Fleischgerichte***
- ***Fischeintopf*** mit Paradeisern, Hanfsamen und Petersilie
- ***Gedämpfter Saibling*** mit Wirsingchips und Apfelsalat
- ***Forellen-Kräuter-Rollen*** mit Spitzkraut und Weintrauben
- ***Felchenfilets*** mit Kohlrabi, Hanfsamen, Radieschen und Joghurt

Schutz für Herz, Gefäße, Blutdruck

- ***Birchermüsli*** mit geriebener Birne, Walnüssen und Beeren
- ***Knuspermüsli*** mit Kürbiskernen und Heidelbeeren
- ***Joghurt*** mit Hanfsamen, Mohn, Heidelbeeren und Ribiseln
- ***Roggenvollkornbrot*** mit geräuchertem Saibling und Jungzwiebeln
- ***Vollkornsandwich*** mit Roten Rüben und Ziegenfrischkäse
- ***Vollkornbrot*** mit Sprossen, Kapuzinerkresse und Hüttenkäse
- ***Alle Suppen und Salate***
- ***Alle veganen und vegetarischen Gerichte***

Schweinefilet mit Karotten, Brokkoli, Hanfsamen und Reis aus dem Burgenland
Gegrilltes Beiried mit Ziegenkäse, Heidelbeeren und Ofenerdäpfeln
Hühnerbrust mit grünem Gemüse
Lammkoteletts mit Kürbis, Eierschwammerln und Stachelbeeren
Rinderhüftsteaks mit Fenchel, Marille und Rucola
Alle Fischrezepte

Entzündungshemmende Wirkung

- *Alle Smoothies*
- ***Birchermüsli*** mit geriebener Birne, Walnüssen und Beeren
- ***Knuspermüsli*** mit Kürbiskernen und Heidelbeeren
- ***Joghurt*** mit Hanfsamen, Mohn, Heidelbeeren und Ribiseln
- ***Roggenvollkornbrot*** mit geräuchertem Saibling und Jungzwiebeln
- ***Vollkornsandwich*** mit Roten Rüben und Ziegenfrischkäse
- ***Brokkoli-Erdäpfel-Gemüsesuppe*** mit Kürbiskernöl
- ***Käferbohnencremesuppe*** mit Sonnenblumenkernen und Gartenkresse
- ***Blattsalate*** mit Brombeeren, Leinsamen und Hüttenkäse
- ***Wurzelgemüse-Fenchel-Salat*** mit warmem Topfen und Dille
- *Alle Salate mit Fisch*
- ***Kapuzinerkresse-Holunderbeeren-Salat*** mit Hüferlscherzelsteaks
- ***Perlgraupen-Süßkartoffel-Salat*** mit Rosinen
- ***Dinkel-Rhabarber-Salat*** mit Paradeisern
- ***Rollgerste-Kürbis-Risotto*** mit Walnüssen und Weintrauben
- ***Pilzeintopf*** mit Spinat, Nüssen, Kernen und getrockneten Marillen
- ***Hirse-Karotten-Laibchen*** mit Leinsamen-Soja-Joghurt-Dip
- ***Cremiger Maisgrieß*** mit Spargel, Hanfsamen und Jungzwiebeln
- ***Zerdrückte Linsen und Hokkaidokürbis*** mit Hanfsamen, Spinat und Joghurt
- *Alle Fischgerichte*

Stabiler Blutzucker

- ***Birchermüsli*** mit geriebener Birne, Walnüssen und Beeren
- ***Knuspermüsli*** mit Kürbiskernen und Heidelbeeren
- ***Joghurt*** mit Hanfsamen, Mohn, Heidelbeeren und Ribiseln
- ***Roggenvollkornbrot*** mit geräuchertem Saibling und Jungzwiebeln
- ***Vollkornsandwich*** mit Roten Rüben und Ziegenfrischkäse
- ***Vollkornbrot*** mit Sprossen, Kapuzinerkresse und Hüttenkäse
- ***Käferbohnencremesuppe*** mit Sonnenblumenkernen und Gartenkresse
- ***Blattsalat*** mit Löwenzahn, Beeren und Hanfsamen
- *Alle Salate, veganen und vegetarischen Gerichte*
- *Alle Fleischgerichte*
- ***Gebratener Saibling*** mit grünem Spargel, Minze und Erdäpfelpüree
- ***Forelle*** mit Dinkelflocken-Kräuter-Kruste, geschmorten Paradeisern und Basilikum
- ***Zander*** mit Emmergrieß, Eierschwammerln und Walnüssen
- ***Wels*** mit Linsen, Karotten, Birnen und Schnittlauch
- *Alle LOWcarb-Fischgerichte*

Krebsvorbeugende Wirkung

- *Alle Smoothies und Suppen*
- ***Blattsalat*** mit Löwenzahn, Beeren und Hanfsamen
- ***Gurken-Brunnenkresse-Salat*** mit gedämpfter Seeforelle
- ***Paradeiser-Himbeeren-Salat*** mit im Backrohr gegartem Bachsaibling
- ***Wildkräuter-Erdäpfel-Salat*** mit Sonnenblumenkernen und geräucherter Bachforelle
- ***Rote-Rüben-Heidelbeer-Salat*** mit Walnussdressing und Seesaibling
- ***Kohlrabi-Radieschen-Salat*** mit Senfdressing und Felchenfilets
- ***Spargel-Erdbeer-Salat*** mit Hanfsamen und Hühnerbrustspieße
- ***Hirse-Brokkoli-Erbsen-Salat***
- ***Perlgraupen-Süßkartoffel-Salat*** mit Rosinen
- ***Dinkel-Rhabarber-Salat*** mit Paradeisern
- *Alle veganen Gerichte*
- ***Vollkornnudeln*** mit Paradeisern, Rucola und Frischkäse
- ***Zerdrückte Linsen und Hokkaidokürbis*** mit Hanfsamen, Spinat und Joghurt
- ***Bohneneintopf*** mit Artischocken, Leinsamen, Buttermilch und Sprossen
- ***Buchweizenpalatschinken*** mit Frühlingsgemüse und Sonnenblumenkernen
- ***Hühnereintopf*** mit Wirsing, Paradeisern, Erdäpfeln und Knoblauch
- ***Wels*** mit Linsen, Karotten, Birnen und Schnittlauch
- ***Fischeintopf*** mit Paradeisern, Hanfsamen und Petersilie
- ***Gedämpfter Saibling*** mit Wirsingchips und Apfelsalat
- ***Forellen-Kräuter-Rollen*** mit Spitzkraut und Weintrauben
- ***Felchenfilets*** mit Kohlrabi, Hanfsamen, Radieschen und Joghurt

Schutz für die Gelenke zur Vorbeugung von Gicht

- ***Birchermüsli*** mit geriebener Birne, Walnüssen und Beeren
- ***Knuspermüsli*** mit Kürbiskernen und Heidelbeeren
- ***Joghurt*** mit Hanfsamen, Mohn, Heidelbeeren und Ribiseln
- ***Vollkornsandwich*** mit Roten Rüben und Ziegenfrischkäse
- ***Vollkornbrot*** mit Sprossen, Kapuzinerkresse und Hüttenkäse
- ***Vollkornnudeln*** mit Paradeisern, Rucola und Frischkäse
- ***Zerdrückte Linsen und Hokkaidokürbis*** mit Hanfsamen, Spinat und Joghurt
- ***Bohneneintopf*** mit Artischocken, Leinsamen, Buttermilch und Sprossen
- ***Buchweizenpalatschinken*** mit Frühlingsgemüse und Sonnenblumenkernen

Ernährung für die Haut

- *Alle Smoothies*
- *Karotten-Leinsamen-Suppe*
- *Kalte Gurken-Paradeiser-Suppe* mit Hanfsamen und Brunnenkresse
- *Rollgerste-Kürbis-Risotto* mit Walnüssen und Weintrauben
- *Pilzeintopf* mit Spinat, Nüssen, Kernen und getrockneten Marillen
- *Kürbis-Paprika-Gulasch* mit Kren
- *Vollkornnudeln* mit Paradeisern, Rucola und Frischkäse
- *Zerdrückte Linsen und Hokkaidokürbis* mit Hanfsamen, Spinat und Joghurt
- *Hühnereintopf* mit Wirsing, Paradeisern, Erdäpfeln und Knoblauch
- *Schweinekarree* mit Rüben, Walnüssen und Erdäpfeln
- *Kalbssteak* mit Buchweizen, Marillen und Paradeisern
- *Schweinefilet* mit Karotten, Brokkoli, Hanfsamen und Reis aus dem Burgenland
- *Lammkoteletts* mit Kürbis, Eierschwammerln und Stachelbeeren
- *Forelle* mit Dinkelflocken-Kräuter-Kruste, geschmorten Paradeisern und Basilikum
- *Wels* mit Linsen, Karotten, Birnen und Schnittlauch
- *Fischeintopf* mit Paradeisern, Hanfsamen und Petersilie
- *Karpfen aus dem Ofen* mit Kürbis, Dille und Walnüsse

Ernährung für die Haare

- *Alle Salate mit Fleisch*
- *Spargel-Eiweiß-Omelett* mit Brunnenkresse und Walnüssen
- *Alle Fleischgerichte mit Kohlenhydraten*
- *Lammkoteletts* mit Kürbis, Eierschwammerln und Stachelbeeren
- *Rehkeule* mit Maroni, Brombeeren und Brunnenkresse
- *Gebratener Saibling* mit grünem Spargel, Minze und Erdäpfelpüree
- *Forelle* mit Dinkelflocken-Kräuter-Kruste, geschmorten Paradeisern und Basilikum

Rezeptregister

Birchermüsli mit geriebener Birne, Walnüssen und Beeren 40
Blattsalat mit Brombeeren, Leinsamen und Hüttenkäse 64
Blattsalat mit Löwenzahn, Beeren und Hanfsamen 62
Bohneneintopf
mit Artischocken, Leinsamen, Buttermilch und Sprossen 122
Brokkoli-Erdäpfel-Gemüsesuppe mit Kürbiskernöl 56
Buchweizennudeln mit Brokkoli und Kräutersaitlingen 102
Buchweizenpalatschinken
mit Frühlingsgemüse und Sonnenblumenkernen 124
Buchweizen-Spargel-Salat mit Zitronenmelisse 94
Cremiger Maisgrieß
mit Spargel, Hanfsamen und Jungzwiebeln 112
Dinkel-Rhabarber-Salat mit Paradeisern 98
Entenbrust
mit Spitzkraut, Sonnenblumenkernen und Champignons 152
Felchenfilets
mit Kohlrabi, Hanfsamen, Radieschen und Joghurt 166
Fenchel-Birnen-Salat mit Walnüssen und Joghurt 68
Fischeintopf mit Paradeisern, Hanfsamen und Petersilie 158
Forelle mit Haferflocken-Kräuter-Kruste,
geschmorten Paradeisern und Basilikum 140
Forellen-Kräuter-Rollen mit Spitzkraut und Weintrauben 164
Gebratener Saibling
mit grünem Spargel, Minze und Erdäpfelpüree 138
Gedämpfter Saibling mit Wirsingchips und Apfelsalat 160
Gegrilltes Beiried
mit Ziegenkäse, Heidelbeeren und Ofenerdäpfeln 136
Gurken-Brunnenkresse-Salat mit gedämpfter Seeforelle 72
Heidelbeer-Spinat-Smoothie 36
Hirse-Brokkoli-Erbsen-Salat 92
Hirse-Karotten-Laibchen mit Leinsamen-Soja-Joghurt-Dip 110
Hühnerbrust mit grünem Gemüse 148
Hühnereintopf
mit Wirsing, Paradeisern, Erdäpfeln und Knoblauch 128
Joghurt mit Hanfsamen, Mohn, Heidelbeeren und Ribiseln 44
Käferbohnencremesuppe
mit Sonnenblumenkernen und Gartenkresse 58
Kalbssteak mit Buchweizen, Marillen und Paradeisern 132
Kalte Gurken-Paradeiser-Suppe
mit Hanfsamen und Brunnenkresse 54
Kapuzinerkresse-Holunderbeeren-Salat
mit Hüferlscherzelsteaks 88
Karotten-Apfel-Smoothie 38
Karotten-Leinsamen-Suppe 52
Karpfen aus dem Ofen mit Kürbis, Dille und Walnüssen 162
Knuspermüsli mit Kürbiskernen und Heidelbeeren 42
Kohlrabi-Radieschen-Salat mit Senfdressing und Felchenfilets 80
Kürbis-Paprika-Gulasch mit Kren 108
Kürbis-Weintrauben-Salat
mit Kürbiskernen und faschierten Lammbällchen 82
Lammkoteletts
mit Kürbis, Eierschwammerln und Stachelbeeren 150
Paradeiser-Himbeeren-Salat
mit im Backrohr gegartem Bachsaibling 74
Perlgraupen-Süßkartoffel-Salat mit Rosinen 96
Petersilien-Birnen-Smoothie 36
Pilzeintopf
mit Spinat, Nüssen, Kernen und getrockneten Marillen 106
Rehkeule mit Maroni, Brombeeren und Brunnenkresse 156
Rinderhüftsteaks mit Fenchel, Marille und Rucola 154
Roggenvollkornbrot
mit geräuchertem Saibling und Jungzwiebeln 46
Rollgerste-Kürbis-Risotto mit Walnüssen und Weintrauben 104
Rote-Rüben-Heidelbeer-Salat
mit Walnussdressing und Seesaibling 78
Rote-Rüben-Sauerampfer-Smoothie 38
Schwarzwurzel-Vogerlsalat
mit Walnüssen und Hirschrücken 90
Schweinefilet mit Karotten, Brokkoli, Hanfsamen
und Reis aus dem Burgenland 134
Schweinekarree mit Rüben, Walnüssen und Erdäpfeln 130
Spargel-Eiweiß-Omelett
mit Brunnenkresse und Walnüssen 116
Spargel-Erdbeer-Salat
mit Hanfsamen und Hühnerbrustspießen 84
Vogerlsalat
mit Maroni, getrockneten Zwetschken und Ziegenkäse 70
Vollkornbrot
mit Sprossen, Kapuzinerkresse und Hüttenkäse 48
Vollkornnudeln mit Paradeisern, Rucola und Frischkäse 118
Vollkornsandwich mit Roten Rüben und Ziegenfrischkäse 47
Wels mit Linsen, Karotten, Birnen und Schnittlauch 144
Wildkräuter-Erdäpfel-Salat
mit Sonnenblumenkernen und geräucherter Bachforelle 76
Wurzelgemüse-Fenchel-Salat mit warmem Topfen und Dille 66
Zander mit Emmergrieß, Eierschwammerln und Walnüssen 142
Zerdrückte Linsen und Hokkaidokürbis
mit Hanfsamen, Spinat und Joghurt 120
Zucchini-Minze-Fisolen-Salat
mit Sonnenblumenkernen und Putenbrust 86

Die Autoren

Barbara A. Schmid ist Diätologin mit Schwerpunkt Ernährungspsychologie. Sie ist bekannt aus Radio und Fernsehen als Expertin für Ernährungsfragen und Autorin zahlreicher Artikel. In ihrer Praxis *„ iss-dich-frei"* unterstützt sie Menschen mit besonderen Ernährungsanforderungen. Leichte Umsetzbarkeit und nachhaltiger Erfolg stehen für sie im Vordergrund.

Aaron Waltl lernte im Hotel Marriott in Wien und perfektionierte sein Handwerk in London und Hamburg, wo er in Tim Mälzers „Bullerei" mitarbeitete. Zurück in Wien leitete er die Kochschule von ichkoche.at. Seit 2015 ist er Chefkoch des Restaurants *„Salonplafond"* im Wiener MAK.

Literatur (Auswahl)

Amadò, R.: Gesundheitsfördernde Wirkung von Nahrungsfasern. In: Lebensmittel-Technologie, 31/1998, 58–63.

Astrup, A. u. a.: The role of low-fat diets in body weight control: a meta-analysis of ad libitum dietary intervention studies. In: International Journal of Obesity, 24/2000, 1545–52.

Berghofer, E.: Einsatz von Ballaststoffen in der modernen Lebensmittelindustrie, 17./18.2.2005.

Biesalski, H.-K. u. a.: Ernährungsmedizin. Thieme 1995.

Biesalski, H.-K. / Grimm, P.: Taschenatlas Ernährung (4. Aufl.). Thieme 2007.

Bub, A. / Stahl, W.: DGE-Arbeitstagung „Sekundäre Pflanzenstoffe". Karlsruhe, 20.2.1998.

Buyken, A. u. a.: Glycemic index in the diet of European outpatients with type 1 diabetes: relations to glycated hemoglobin and serum lipids. In: American Journal of Clinical Nutrition, 73/2001, 574–581.

Buyken, A.: UGB-Forum, 4/2003, 201–204.

Chrubasik, S. u. a.: Evidence for antirheumatic effectiveness of Herba Urticae dioicae in acute arthritis: A pilot study. In: Phytomedicine, 4(2)/1997, 105–108.

De Vrese, M.: Präbiotika. In: Ernährungs-Umschau 44/11/1997, 398–402.

Deutsche Gesellschaft für Ernährung (DGE): Glykämischer Index und glykämische Last – ein für die Ernährungspraxis des Gesunden relevantes Konzept? In: Ernährungs-Umschau, 51/2004, Teil 1: 84–89; Teil 2: 128–131.

Deutsche Gesellschaft für Ernährung (DGE): Presseinformation „Mehr Ballaststoffe bitte!". In: DGE aktuell, 06/2012. www.dge.de.

Ernährung aktuell, 2/2005.

Exl, B.: Nahrungsfasern: Vielfältig wirkungsvoll für Gesundheit und Wohlbefinden. In: Nutritio – Das Ernährungsmagazin der Nestlé Schweiz, 2000.

Gaßmann, B.: Beta-Carotin erleidet eine kollektive Schlappe. In: Ernährungs-Umschau, 2/43 Jg./1996, S. 103.

Gebauer, S. K. u. a.: N-3 Fatty acid dietary recommendations and food sources to achieve essentiality and cardiovascular benefits. In: American Journal of Clinical Nutrition, 83/2006, 1526S–1535S.

Groeneveld, M.: Carotinoide: Vorkommen, Lebensmittelverarbeitung und physiologische Bedeutung. In: Ernährungs-Umschau, 2/45 Jg./1998, 70–96.

Grünewald, S. u. a.: Ernährungstrends 2000. Rheingold Institut für qualitative Markt- und Medienanalysen, 2000.

Kirig, A. / Rützler, H: Food Styles – die wichtigsten Thesen, Trends und Typologien für die Genussmärkte. Zukunftsinstitut GmbH 2007.

Körber, K. u. a.: Vollwert-Ernährung: Konzeption einer zeitgemäßen und nachhaltigen Ernährung. Karl F. Haug, 2012.

Ludwig, D. S.: The glycemic index. Physiological mechanisms relating to obesity diabetes, and cardiovascular disease. In: JAMA 287/2002, 2414–2423.

Moers-Capri, M.: Nutritive Beeinflussung des Haarwachstums. In: Akt. Dermatol 37/2011, 171–175.

Mozaffarian, D. / Rimm, E. B.: Fish Intake, Contaminants, and Human Health. Evaluating the Risks and the Benefits. In: JAMA 296/2006, 1885–99.

Nilsson, A. u. a.: Effects of supplementation with n-3 polyunsaturated fatty acids on cognitive performance and cardiometabolic risk markers in healthy 51 to 72 years old subjects: a randomized controlled cross-over study. In: Nutrition Journal, 11/99, 2012.

Oszmianski, J. / Wojdyko, A.: Aronia melanocarpa Phenole und ihre antioxidative Wirkung. Forschungsstudie Agricultural Academy of Wroclaw. Springer 2005.

Sabate, J. u. a.: Nut consumption and blood lipid levels. In: Archives of Internal medicine, 170/2010, 821–827.

Schacky, C.: Omega-3 fatty acids and cardiovascular disease. In: Current Opinion in Clinical Nutrition and Metabolic Care Journal, 7/2004, 131–136.

Schreiner, M. / Scherleitner, K.: Das Fettsäuremuster heimischer Wild- und Zuchtfische: Ernährungsphysiologische und analytische Aspekte. Diplomarbeit am Departement für Ernährungswissenschaften der Universität Wien (Durchführung an der Universität für Bodenkultur Wien DLWT, LCH), 2007.

Scrinis, G.: Nutritionism: The Science and Politics of Dietary Advice. Columbia UP, 2013.

Ströhle, A. u. a.: Gesundheitliche Effekte von Ballaststoffen. Ein Update. Teil 1: Von der Struktur zur Funktion. Deutsche Apotheke Zeitung, 152 (31)/2012a, 3780–3788. / Teil 2: Systemische Effekte und Präventionspotenzial. Ebd., 152 (32)/2012b, 3000–3011.

Strohm, D.: Glykämischer Index und glykämische Last – ein für die Ernährungspraxis des Gesunden relevantes Konzept? Wissenschaftliche Stellungnahme der DGE. Ernährungs-Umschau, 1/2013, 26–38.

Watzl, B. / Leitzmann, C.: Bioaktive Substanzen in Lebensmitteln. Hippokrates 1999.

Watzl, B.: Einfluss sekundärer Pflanzenstoffe auf die Gesundheit. In: DGE (Hg.): 12. Ernährungsbericht 2012, 355–374.

Widhalm, K. u. a.: Welcher Fisch soll auf den Tisch? Omega - 3-Fettsäuren versus Quecksilberbelastung. In: Journal für Ernährungsmedizin 9 (3)/2007, 6–13.

Wilpert, G. v.: Sachwörterbuch der Literatur. Kröner 2001.

Wisker, E.: Ernährungsphysiologische Wirkungen von resistenter Stärke. In: Ernährungs-Umschau 47/1/2000, 10–13; bzw. 47/2/2000, 49–53.

www.diabetes-austria.com